MIX
Papier aus verantwortungsvollen Quellen
Paper from responsible sources
FSC® C105338

Ekaterina Avalon

Gebrauch der Verbpartikeln bei Migranten mit russisch-deutscher Zweisprachigkeit

Eine Querschnittstudie anhand mündlicher Texte erwachsener Sprecher

Diplomica Verlag GmbH

Avalon, Ekaterina: Gebrauch der Verbpartikeln bei Migranten mit russisch-deutscher
Zweisprachigkeit : Eine Querschnittstudie anhand mündlicher Texte erwachsener
Sprecher. Hamburg, Diplomica Verlag GmbH 2013

Buch-ISBN: 978-3-8428-9803-5
PDF-eBook-ISBN: 978-3-8428-4803-0
Druck/Herstellung: Diplomica® Verlag GmbH, Hamburg, 2013

Bibliografische Information der Deutschen Nationalbibliothek:
Die Deutsche Nationalbibliothek verzeichnet diese Publikation in der Deutschen
Nationalbibliografie; detaillierte bibliografische Daten sind im Internet über
http://dnb.d-nb.de abrufbar.

Das Werk einschließlich aller seiner Teile ist urheberrechtlich geschützt. Jede Verwertung
außerhalb der Grenzen des Urheberrechtsgesetzes ist ohne Zustimmung des Verlages
unzulässig und strafbar. Dies gilt insbesondere für Vervielfältigungen, Übersetzungen,
Mikroverfilmungen und die Einspeicherung und Bearbeitung in elektronischen Systemen.

Die Wiedergabe von Gebrauchsnamen, Handelsnamen, Warenbezeichnungen usw. in
diesem Werk berechtigt auch ohne besondere Kennzeichnung nicht zu der Annahme,
dass solche Namen im Sinne der Warenzeichen- und Markenschutz-Gesetzgebung als frei
zu betrachten wären und daher von jedermann benutzt werden dürften.

Die Informationen in diesem Werk wurden mit Sorgfalt erarbeitet. Dennoch können
Fehler nicht vollständig ausgeschlossen werden und die Diplomica Verlag GmbH, die
Autoren oder Übersetzer übernehmen keine juristische Verantwortung oder irgendeine
Haftung für evtl. verbliebene fehlerhafte Angaben und deren Folgen.

Alle Rechte vorbehalten

© Diplomica Verlag GmbH
Hermannstal 119k, 22119 Hamburg
http://www.diplomica-verlag.de, Hamburg 2013
Printed in Germany

Inhaltsverzeichnis

1 Einleitung und Problemdarstellung 1
2 Theoretischer Hintergrund 9
    2.1 Fragestellungen und Hypothesen 9
    2.2 Forschungsstand und Quellenlage 12
    2.3 Zum Begriff des Aspekts im Russischen 18
        2.3.1 Definitionen des Aspekts 18
        2.3.2 Bildung der Aspektformen im Russischen 21
        2.3.3 Die Verben der Fortbewegung im Aspektsystem des Russischen 22
    2.4 Zum Begriff des Transfers und der Interferenz 25
    2.5 Klassifikation von Verben gerichteter Bewegung 32
3 Methode 35
    3.1 Korpuszusammenstellung 35
    3.2 Die Vorgehensweise der Analyse 38
4 Datenanalyse 42
    4.1 Sprachlicher Hintergrund der Probanden 42
    4.2 Exemplarische Darstellung der Ergebnisse 46
    4.3 Auswertung und Zusammenfassung der Ergebnisse 60
5 Fazit und Ausblick 66
Literaturverzeichnis 75

1 Einleitung und Problemdarstellung

> Sprachen verfügen über unterschiedliche Mittel, um Zeitkonzepte auszudrücken. Zu den wichtigsten zählen drei verbale Kategorien: Tempus, Aspekt und Aktionsart sowie zahlreiche Adverbiale. Jede dieser Kategorien bringt einen Teil temporaler Informationen zum Ausdruck, die jeweils mit den unterschiedlichen Komponenten des sprachlichen Systems – Lexikon, Morphologie, Syntax und Pragmatik – interagieren (Schmiedtová/Sahonenko 2008, S. 45).

Der Gegenstand der vorliegenden empirischen Untersuchung ist der Gebrauch von Verbpartikeln mit Verben gerichteter Bewegung im Deutschen bei erwachsenen Zweisprachigen mit russischer Erstsprache. Das Ziel dieser Querschnittstudie ist es, den Gebrauch von Verbpartikeln im Deutschen bei Sprechern mit russischer Erstsprache zu beschreiben und die ggf. auftretenden Abweichungen im Vergleich mit dem muttersprachlichen Usus in diesem Zusammenhang zu erklären.

Als Anstoß für die Auswahl des Themas dienten zahlreiche Beobachtungen in den praktischen Untersuchungen von Herrn Prof. Dr. Christoph Schroeder sowie die neuesten Studien im Bereich der Zweitspracherwerbsforschung und zum Phänomen des Transfers bzw. der Interferenz. Darüber hinaus ist das Thema von großer wissenschaftlicher Bedeutung im Bereich Deutsch als Zweitsprache, weil die Morphologie des deutschen Verbs für die Sprecher des Deutschen als Zweit- bzw. Fremdsprache allgemein als ein relativ komplexes Phänomen erscheint. Demzufolge kann davon ausgegangen werden, dass der Gebrauch von Verbpartikeln in der L2 Deutsch eine Vielzahl an Auffälligkeiten aufweist. Des Weiteren bietet die Untersuchung der sprachspezifischen Muster der Versprachlichung von temporalen Ereignissen sowohl in der Erst- als auch in der Zweitsprache eine sehr breite Forschungsmöglichkeit in diesem Bereich. All das diente als Motivationsfaktor, eine quantitative vergleichende Untersuchung im Bereich der Verwendung der Verbpartikeln im Deutschen als Zweitsprache durchzuführen.

In der Studie werden zwei Kontrastsprachen untersucht, nämlich die Erstsprache der Probanden Russisch als eine ostslawische Sprache und deren L2 Deutsch als eine germanische Sprache. Des Weiteren wird im Laufe der Untersuchung kontrastiv vorgegangen und die ggf. entstehenden Konsequenzen für die Zweisprachigen mit russischer Erstsprache beim Gebrauch von Verbpartikeln empirisch erklärt.

Für die empirische Datenanalyse wurden insgesamt zehn Probanden mit russischer Erstsprache ausgesucht, die sich seit zehn bis fünfzehn Jahren in Deutschland aufhalten. Die Anzahl der Untersuchungsteilnehmer für die Datenanalyse im Rahmen der vorliegenden Querschnittstudie wurde nach den Kriterien der Explorativität festgelegt.

Alle Testpersonen können der russischsprachigen Diaspora in Deutschland zugeordnet werden, wobei sieben Probanden der Gruppe der Spätaussiedler und drei davon der Gruppe der jüdischen Zuwanderer angehören. Des Weiteren kennzeichnet sich der Sprachgebrauch aller Studienteilnehmer dadurch, dass sie ein Hochschulstudium bzw. eine Berufsausbildung (Probanden MAG und KON) in Deutschland absolviert haben. Dabei verwenden alle Probanden das Deutsche im formell-öffentlichen Bereich und das Russische sowohl im informell-öffentlichen als auch im intim-öffentlichen Bereich[1]. Des Weiteren fand der Deutscherwerb bei allen Teilnehmern überwiegend ungesteuert statt, wobei die Rolle des gesteuerten Zweitspracherwerbs in Form des Deutschunterrichts in der Schul- bzw. Ausbildungszeit ebenfalls beachtet werden muss. Die Homogenität der Probandengruppe wird darüber hinaus dadurch gewährleistet, dass alle Probanden aus der vorliegenden empirischen Untersuchung als (sehr) fortgeschrittene Deutschsprecher eingestuft werden können.

Für die Datenanalyse wurde die Bildergeschichte „Frog, where are you?" von Mercer Mayer verwendet. Die für die Untersuchung ausgewählte ereignisreiche Bildergeschichte bietet sich sehr gut an, um die verschiedenen morphologischen und lexikalischen Mittel zum Ausdruck der gerichteten Bewegung in der Zweitsprache zu untersuchen. Die Probanden wurden gebeten, diese Geschichte in Form eines mündlichen Textes zu produzieren, welcher mit einem Audiogerät aufgenommen wurde. Diese Texte wurden anschließend nach HIAT (Halbinterpretative Arbeitstranskription, in Rehbein et al. 2004) transkribiert und stellen den Materialkorpus für die empirische Textanalyse im vorliegenden Buch dar.

Als Vergleichsmaterial dienen zehn Transkripte deutscher Muttersprachler aus dem online abrufbaren CHILDES-Korpus, die die Beschreibung der gleichen Bildergeschichte umfassen. Das Alter der Probanden variiert zwischen 24 und 33 Jahren. Alle Transkripte aus dem CHILDES-Korpus stammen von 20-jährigen

---

[1] Die Klassifikation nach Utz Maas 2005, S. 103.

Personen und können somit unter die Kategorie der Erwachsenen eingeordnet werden.

Zunächst einmal möchte ich Bezug auf die bisherigen sprachwissenschaftlichen Auseinandersetzungen hinsichtlich der temporalen Strukturierung in verschiedenen Sprachen nehmen. Frühere Untersuchungen zum Englischen, Französischen, Deutschen, Italienischen und Spanischen haben erhebliche Unterschiede in diesem Bereich dokumentiert: „Je nach Sprache können Ereignisse in vielfältiger Weise temporal strukturiert werden" (Schmiedtová/Sahonenko 2008, S. 56). Über den genauen Untersuchungsverlauf der Studie von Schmiedtová/Sahonenko wird im Unterkapitel 2.2 Forschungsstand und Quellenlage berichtet. An dieser Stelle sollen lediglich die wesentlichen Analysebereiche, die in der Studie von den beiden Wissenschaftlerinnen behandelt werden und die im Einzelnen von der Problematik her relevant für die vorliegende Untersuchung sind, zusammengefasst dargestellt werden.

Das Russische und das Deutsche unterscheiden sich in Bezug auf die sprachliche Kodierung von Ereignissen insofern voneinander, als dass sie dafür über unterschiedliche temporale Mittel verfügen. Dabei gehören lexikalische Mittel (wie Adverbiale und diverse direktionale Präpositionalphrasen) und Tempus für diese beiden Sprachen gleichermaßen zu den Mitteln der temporalen und räumlichen Markierung. Diese Tatsache erlaubt somit eine Untersuchung hinsichtlich der tendenziellen Anwendung dieser Mittel für die sprachliche Enkodierung der Ereignisse bei Vertretern dieser beiden Sprachen. Besonders beim Gebrauch der jeweiligen Tempusformen kann bei den Sprechern mit den Erstsprachen Russisch und Deutsch ein großer Unterschied erwartet werden.

Das Russische als eine der slawischen Sprachen unterscheidet sich jedoch vom Deutschen dadurch, dass der grammatische Aspekt als ein weiteres temporales Mittel bei der Strukturierung der Ereignisse eine wesentliche Rolle spielt. Der im Russischen grammatikalisierte Aspekt ist sehr eng mit dem Tempussystem verbunden und beeinflusst somit den Tempusgebrauch.

> Zwischen den Aspektformen und den Tempusformen des Verbs besteht ein enger Zusammenhang. Das hat zur Folge, daß man das Funktionieren der Tempusformen in der Regel nur dann erfassen kann, wenn man stets die Wechselbeziehungen und das Zusammenwirken der Kategorien des Tempus und des Aspekts beachtet. Unter Berücksichtigung des Zusammenspiels der Kategorien des Aspekts und des Tempus ergibt sich für die russische Gegenwartssprache folgendes Sys-

tem der Aspekt-Tempus-Formen (vido-vremennye formy) (Mulisch/Gabka 1988, S. 91):

Tempus \ Aspekt	Imperfektiv	Perfektiv
Präteritum	Imperfektives Präteritum (прошедшее несов.): *записывал*	Perfektives Präteritum (прошедшее сов.) *записал*
Präsens	Imperfektives Präsens (настоящее несов.) *записываю*	–
Futur	Imperfektives Futur (будущее несов.) *буду записывать*	Perfektives Futur oder einfaches Futur (будущее сов. или простое будущее): *запишу*

Tabelle 1: Das System der Aspekt-Tempus-Formen im Russischen (ebd., S. 91, Hervorhebungen im Original).

In diesem Zusammenhang erscheint es als logisch, auch die Bewegung selbst als solche zu definieren, und das daraus folgende Bewegungskonzept darzustellen, um die für die vorliegende Datenanalyse relevanten Verben der gerichteten Bewegung dementsprechend zuordnen zu können.

„Man kann die Bewegung eines Gegenstandes definieren als Änderung des Ortes mit dem Zeitablauf"[2] (Di Meola 1994, S. 28). In diesem Fall geht es demzufolge um eine Standortveränderung des gesamten Bewegungsträgers, also um eine Fortbewegung. Des Weiteren werden bei Di Meola zwei Arten der Fortbewegung unterschieden:

1) Die *aktive Fortbewegung* im Raum ist eine vom Bewegungsträger selbst herbeigeführte Ortsveränderung. Diese Art der Fortbewegung wird entweder vom Menschen oder von anderen Lebewesen ausgeführt.

2) Die *passive Fortbewegung* hingegen ist durch das Einwirken einer äußeren Kraft bedingt (z. B. der Erdanziehungskraft), weswegen diese Art der Fortbewegung auch unbelebten Gegenständen zukommen kann (ebd., S. 28).

---

[2] Siehe auch Langacker (1987): „Spatial motion is change through time in the location of some entity"(zit. nach. Di Meola 1994, S. 28).

Für die Fortbewegung kann von folgendem allgemeinen Bewegungsschema ausgegangen werden (Ursprung, Weg und Ziel):

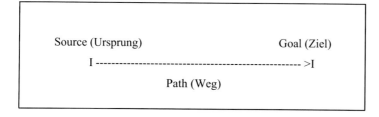

Tabelle 2: Das Bewegungsschema (ebd., S. 29).

Demzufolge können alle Bewegungsverben auch nach deren Fokussierung betrachtet werden, d. h. danach, wie ursprungs-, weg- oder zielorientiert sie sind (vgl. Eichinger 1989, S. 31). Daraus ergibt sich folgende mögliche Klassifikation dieser Verben:

- Ursprungsorientierte Verben (*schlüpfen, klettern*)
- Wegorientierte Verben (*fliehen, gleiten, krabbeln*)
- Zielorientierte Verben (*kommen, fallen, stürzen*)
- Neutrale Verben (*gehen, laufen*)

Diese Klassifikation kann die Verwendung von bestimmten Verbpartikeln in Verbindung mit dem jeweiligen Bewegungsverb erklären. So enthält das Verb „*klettern*" beispielsweise in seiner Semantik eine ursprungsorientierte Bewegung nach oben, von daher erscheint die Verbpartikel „*runter-*" bei der Bezeichnung einer Bewegung nach unten obligatorisch, auch wenn dabei eine direktionale Präpositionalphrase gebraucht wird:

z. B.: *Er klettert zum Boden runter.*

Bei dem deutschen Linguisten Ludwig M. Eichinger finden sich folgende in diesem Zusammenhang relevante Überlegungen:

> Der Bezug auf eine im Prinzip eher abwärtsgerichtete, allenfalls horizontale Bewegung wird hier vor allem durch die Lücken bei den Doppelpartikeln deutlich; daß vor allem *fließen, strömen* prinzipiell nach unten gehen, macht hier die Partikel *ab-* eindeutig zur topologischen Partikel mit der Bedeutung 'weg', dasselbe stimmt analog für *aufgleiten*. (ebd., S. 31, Hervorhebungen im Original).

Eichinger untersucht Raum und Zeit im Verbwortschatz des Deutschen und präsentiert in seiner valenzgrammatischen Studie eine Liste aller Fortbewegungsverben in Form einer Tabelle, in welcher u. a. alle Verbpartikeln des lokalen Charakters, oder wie sie dort bezeichnet werden: direktionale Partikeln, enthalten sind. Je nachdem welche Kombinationen laut Duden-Wörterbuch möglich sind, werden diese Partikeln dort dementsprechend gekennzeichnet. Des Weiteren unterscheidet Eichinger folgende Stufen des semantischen Spezialisierungsgrades bei den Fortbewegungsverben:

1) Bezeichnungen für grundlegende Fortbewegungstypen (*gehen, fahren, fliegen, reiten,* auch Verben wie *kommen*)

2) Bezeichnungen für in bestimmter Weise modifizierte Bewegungen:

2a) Verben, die sich auf eine bestimmte Bewegungsdimension beziehen (*klettern, steigen, fallen, sinken*)

2b) Verben, die sich auf Geschwindigkeitsmodifikationen beziehen (*laufen, rasen, schleichen, stürzen*)

2c) Verben, die die Art und Weise der Fortbewegung betreffen (*krabbeln, kriechen, schreiten, springen, ziehen*) (ebd., S. 29).

Eichinger benennt die einfachen Basisverben als Simplicia und die Verben mit Partikeln als komplexe Verben und unterscheidet dabei drei Arten der Kodierung mit räumlichen Partikeln, nämlich syntaktische Fügungen mit den entsprechenden Präpositionalphrasen oder Adverbien, die Partikelverben und die Doppelpartikelverben (Partikeln in Verbindung mit Präfixen *her-* oder *hin-*) (vgl. ebd., S. 38).

> Es wird zudem eine Ähnlichkeit zwischen der ersten und der dritten Art festgestellt: In beiden Fällen würde die lokale Bedeutung bewahrt. Dagegen bleibt die Beschreibung der zweiten Inkorporierungsart vage. Hier sind genauere Aussagen nötig und möglich; [...], interessant ist aber hier vielmehr, wie diese durchaus ähnlichen sprachlichen Mittel funktional unterschiedlich genutzt werden. Hier läßt sich auf jeden Fall eine Abstufung im Grad reiner Lokalität erkennen, wobei die syntaktische Fügung die expliziteste Umsetzung mit der zumindest potentiell deskriptivsten Benennung der betroffenen Lokalität darstellt (ebd., S. 38).

Aus dem obigen Zitat lässt sich ermitteln, dass die Verwendung der verbalen Strukturen in Verbindung mit den direktionalen Verbpartikeln allein von der semantischen Ebene her doch als unzureichend eingestuft wird und die syntaktische Fügung, oder die direktionale Präpositionalphrase, die Lokalität expliziter bezeichnet. In anderen Worten bedeutet das Ganze, dass die Verbpartikel gegenüber einer direktionalen Präpositionalphrase eine sekundäre Funktion bei der Darstellung einer gerichteten Bewegung erfüllt. Dieser Gedanke muss als einer der wesentlichen theoretischen Anhaltspunkte für die anschließende empirische Datenanalyse betrachtet werden.

Weiterhin findet sich bei Eichinger folgende Überlegung:

> Denn wenn man von der Darstellung räumlicher Verhältnisse in syntaktischen Fügungen mit Bewegungsverben ausgeht, so ist das Direktionale die Ergänzung, die am engsten ans Verb gebunden ist. [...] Denn generell gilt, daß nicht die Basis ein komplexes Bewegungsverb bestimmt, sondern daß die Relation zwischen Verbalpartikel und Basis den Charakter als Bewegungsverb festlegt (ebd., S. 41f).

Eichinger stellt in seiner Arbeit folgende Frage: In welcher Weise schlägt sich die Bedeutung der bei Fortbewegungsverben beteiligten Partikeln in der Bedeutung der komplexen Verben nieder bzw. wo handelt es sich bei diesen Fällen tatsächlich um Wortbildungen und wo eher um zusammengeschriebene Syntagmen? Zum Schluss formuliert der Sprachwissenschaftler die folgende Faustregel: Die Richtungsangaben bringen mit Angabe des Sprecherstandpunkts ihre auch im selbständigen Gebrauch auftretende Bedeutung in das komplexe Wort ein, während die komplexen Verben mit einer präpositionalen Partikel als Verbzusatz eine spezialisierte oder idiomatisierte Bedeutung zeigen (ebd., S. 337).

Außerdem soll hier zusätzlich angemerkt werden, dass der sprachliche Hintergrund und „die genaue Kenntnis jedes einzelnen Individuums und seiner kulturellen Situation eine unbedingte Voraussetzung für eine adäquate Einschätzung und Beurteilung von sprachlichen Phänomenen" sind (Pfandl 2000, S. 39). Eine von Pfandl in seiner Habilitationsarbeit getroffene Aussage über die Einstellung der nach Österreich Emigrierten russischsprachigen Probanden zu ihrer L1 Russisch ist als Hintergrundwissen für die vorliegende Arbeit über die Verwendung des Russischen unter den Migrationsbedingungen insgesamt wichtig: „Das geringe Prestige, welches die russische L1 bei den SprecherInnen selbst genießt, macht ein derartiges Unterfangen gänzlich unrealisierbar, da bei russischsprachigen emigrierten Familien starke Hemmungen vorhanden sind, die Familiensprache öffentlich zu dokumentieren" (ebd., S. 40). Pfandls Analyse der sprachlich-kulturellen Persönlichkeit, für welche Erstsprachenverwendung und kulturelle

Einstellungen von russischsprachigen Emigrierten mit frühem Ausreisealter in deutschsprachiger Umgebung untersucht worden sind, liefert ein sehr spannendes Ergebnis bezüglich der sprachlichen Verwendung dieser Sprechergruppe auch in Deutschland. Eine der möglichen Annahmen könnte folglich lauten, dass diese Sprechergruppe unter den Bedingungen einer mehrjährigen Dominanz der Zweitsprache Deutsch als häufig gebrauchter Umgebungssprache nicht mehr unter dem Einfluss der russischen L1 steht. Dieser Gedanke wird in der späteren Diskussion und den Schlussfolgerungen der vorliegenden Untersuchung wieder aufgegriffen.

Im Rahmen des vorliegenden Manuskriptes werden im theoretischen Teil Fragestellungen und Hypothesen formuliert sowie der Forschungsstand und die Quellenlage umrissen. Des Weiteren soll in Kapitel 2 die Kategorie des grammatischen Verbalaspekts und deren Bildung, Bedeutung und Gebrauch im Russischen dargestellt werden. Die Erläuterung des Phänomens des (negativen) Transfers bzw. der Interferenz gehört zur weiteren theoretischen Hintergrundinformation für das bevorstehende empirische Vorhaben. Die Verben gerichteter Bewegung sowie die Verbpartikeln im Deutschen werden in diesem Kapitel ebenfalls definiert und klassifiziert. In Kapitel 3 werden die Untersuchungsmethode und die Korpuszusammenstellung beschrieben. In Kapitel 4 erfolgt die empirische Datenanalyse, in die der sprachliche Hintergrund der Probanden sowie eine exemplarische Darstellung der Analyseergebnisse Eingang finden. Anschließend werden die Untersuchungsergebnisse aus allen für die vorliegende Studie relevanten Blickwinkeln ausgewertet und zusammengefasst. Zum Schluss kommt die Zusammenfassung der gewonnenen Erkenntnisse mit dem Ausblick auf die weiteren möglichen Forschungsansätze zum behandelten Thema, wobei die gestellten Hypothesen ausführlich diskutiert werden.

An dieser Stelle soll noch angeführt werden, dass der Korpus des vorliegenden Manuskriptes keine Durchführung einer umfangreicheren Analyse erlaubt. Für eine vertiefte Auseinandersetzung mit der Thematik steht eine Übersicht über Forschungsliteratur zur Verfügung, die wertvolle Anreize zur Weiterarbeit bieten kann.

2 Theoretischer Hintergrund

2.1 Fragestellungen und Hypothesen

Vor dem Hintergrund der oben angeführten theoretischen Aspekte erscheint es sinnvoll, folgende Hypothesen aufzustellen: In der vorliegenden Untersuchung wird generell davon ausgegangen, dass die russisch-deutsch Zweisprachigen eine tendenziell höhere Anzahl an Verbpartikeln mit räumlicher Bedeutung in deren Zweitsprache Deutsch verwenden, als dies die Deutsch-Muttersprachler tun.

Eine erste mögliche Hypothese zur Erklärung wäre: Der häufige Gebrauch von Verbpartikeln kann als Transfer des Konzepts des im Russischen grammatikalisierten Aspekts eingestuft werden; die Sprecher bedienen sich dabei der dafür benötigten grammatischen Mittel in ihrer L2 Deutsch (z. B. Verbpartikeln). Die russisch-deutsch Zweisprachigen übertragen also bestimmte Aspektdifferenzierungen des Russischen in ihre Zielsprache Deutsch, indem sie als ein mögliches Mittel Verbpartikeln verwenden. Diese Hypothese läuft darauf hinaus, dass mithilfe der Verbpartikeln möglicherweise der perfektive Aspekt am Verb ausgedrückt werden soll, der im Russischen u. a. mithilfe der Präfixe gebildet wird. Allerdings ist diese Hypothese mit einer gewissen Problematik verbunden: Einerseits gehören die Regeln der Aspektbildung im Russischen zu den äußerst komplexen sprachlichen Phänomenen, die im Folgenden näher betrachtet werden. Andererseits ist die Erzählung einer mündlichen Geschichte mit dem bestimmten Erzählmodus verbunden: Bildbeschreibungen erfolgen im Deutschen zumeist im Präsens, die Nacherzählungen hingegen im Präteritum. Im Russischen kann sowohl das Präsens als auch das Präteritum für die Beschreibung einer Bildergeschichte angewendet werden. Und die grammatische Kategorie des Aspekts ist im Russischen eng mit dem Tempus verbunden, wie oben bereits erwähnt und worauf in der Arbeit im Folgenden näher eingegangen wird. In diesem Zusammenhang wäre es möglich, die folgenden Fragen aufzustellen: Welche Tempusformen verwenden die russischsprachigen Probanden in ihren Texten? Wird dabei ein bestimmter Erzählmodus bevorzugt? Inwiefern unterscheidet sich die Tendenz des Gebrauchs der Tempusformen von der bei den Deutsch-Muttersprachlern? Um eine verlässliche Antwort auf diese Fragen bekommen zu können, werden die

Tempusformen der untersuchungsrelevanten Bewegungsverben in den beiden zu analysierenden Korpora aufgezählt und quantitativ verglichen.

Da die empirische Untersuchung anhand der Verben der gerichteten Bewegung erfolgt, ergibt sich daraus die zweite mögliche Hypothese: Die russischsprachigen Probanden drücken die Gerichtetheit einer Bewegung im Deutschen eher durch die Verbpartikeln aus, wobei die Sprecher des Deutschen als Erstsprache dafür die Verwendung einer direktionalen Präpositionalphrase präferieren. An dieser Stelle soll verdeutlicht werden, dass zur Untermauerung dieser Hypothese eine Liste der neutralen Bewegungsverben und der Verben, die eine bestimmte Gerichtetheit in ihrer Semantik tragen, aus dem gesamten Probandenkorpus zusammengestellt werden muss. Um eine längere Diskussion auf theoretischer Ebene zu vermeiden und ein verlässliches Raster zu bekommen, wird der Usus bei der Verwendung von Verbpartikeln im Deutschen aus dem Vergleichsmaterial des Online-Korpus analysiert.

Des Weiteren wird in der Untersuchung auf die einzelnen Probanden näher eingegangen, um die Distribution der bestimmten Verwendungsmuster der gerichteten Bewegung und somit den Grad der Individualität zu bestimmen, d. h. den charakteristischen Stil des Sprechers hervorzuheben, wovon möglicherweise auch die Untersuchungsergebnisse betroffen sein können. Darüber hinaus bietet sich das relativ breite Spektrum des Alters der Probanden gut an, um mögliche Tendenzen und Unterschiede bei der Versprachlichung der gerichteten Bewegung innerhalb dieser Gruppe zu diskutieren. Es sei hierzu noch einmal verdeutlicht, dass das Alter der Probanden zwischen 24 und 33 Jahren variiert. In diesem Zusammenhang stellen sich folgende Fragen, die für die Untersuchungsergebnisse relevant sein können: Inwiefern beeinflusst das Alter den Zweitspracherwerb nach der Einreise nach Deutschland, als der unmittelbare Kontakt mit der Umgebungssprache begann? Wie groß ist der Einfluss der Muttersprache in diesem Zusammenhang? Kann davon ausgegangen werden, dass bei frühem Einreisealter und infolgedessen eher natürlichem Zweitspracherwerb die typischen verbalen Strukturen der Deutsch-Muttersprachler präferiert werden? Aufgrund der relativ geringen Anzahl der Probanden können hierbei allenfalls Tendenzen aufgezeigt, jedoch keine endgültigen Aussagen getroffen werden.

Von besonderem Interesse für die vorliegende empirische Untersuchung sind bestimmte sprachliche Strukturen, auf die im Folgenden gesondert geachtet wird: Es wird danach gesucht, ob die Verwendung von Verb und Verbpartikel in Kombination mit einer direktionalen Präpositionalphrase in den mündlichen Texten der Sprecher mit russischer Erstsprache tendenziell öfter ist als in den Texten der deutschen Muttersprachler. Eine mögliche Vermutung hierfür wäre, dass für die deutschen Sprecher direktionale Präpositionalphrasen allein als Marker des Ausgangs- bzw. des Zielortes ausreichend wäre, wobei sie für die russischsprachigen Deutschsprecher als unzureichend empfunden wird, wodurch es folglich zum Gebrauch des zusätzlichen Markers (der Verbpartikel) kommt.

Die Hypothese beruht hierbei auf einer strukturellen Ähnlichkeit zwischen den beiden Sprachen, betrifft jedoch nicht die semantische Ebene, weil die Verbalpräfixe im Russischen eine andere Funktion bzw. Funktionen erfüllen als die Verbpartikeln im Deutschen:

> [...], erfüllen Präfixe in slawischen Sprachen zwei wesentliche Funktionen: Zum einen dienen sie zur Markierung des grammatischen Aspekts, zum anderen verändern sie Aktionsarten. Zusätzlich üben die Präfixe wortbildende Funktion aus, indem sie die lexikalische Bedeutung des Verbs mit kontextuellen Informationen unterschiedlicher Art anreichern (Schmiedtová/Sahonenko 2008, S. 52).

Und sowohl im Russischen als auch im Deutschen „existiert eine Reihe von Präfixen, welche die Bewegung von einem Ort zum anderen und damit den Ortswechsel signalisieren" (ebd., S. 52). In anderen Worten haben beide Sprachen eine ähnliche Form, die jedoch dort jeweils eine andere Bedeutung trägt. Wenn also solche formale Ähnlichkeit zwischen den beiden Kontrastsprachen vorhanden ist, führt uns dieser Gedanke dazu, eine Aussage zu machen, dass die ähnliche Form für die bedeutungsrelevante Funktion in der Zielsprache gehalten werden könnte.

Darüber hinaus wird in der empirischen Datenanalyse dem Erzählmodus der Bildergeschichte Aufmerksamkeit gewidmet. Mögliche Fragestellungen diesbezüglich wären beispielsweise, ob und inwiefern sich der Erzählmodus bei den Probanden mit russischer Erstsprache von dem der Deutsch-Muttersprachler unterscheidet und ob und inwieweit der Gebrauch dieser Erzählform mit dem Gebrauch der Verbpartikeln zusammenhängt. Als Ausgangsbasis wird angenommen, dass die typische Rolle für den Erzählmodus einer Bildergeschichte im

Deutschen das Präsens erfüllt und dass die Texte der Probanden mit russischer Erstsprache diesbezüglich eine andere Tendenz aufweisen werden. Um welche Präferenzen es sich genau handelt, soll im Rahmen der vorliegenden Querschnittstudie geklärt werden.

2.2 Forschungsstand und Quellenlage

Für die bevorstehende empirische Untersuchung sind einerseits Arbeiten aus dem Bereich der Zweitspracherwerbsforschung, andererseits Grammatiken des Deutschen und des Russischen und diverse linguistische Studien zu den Bewegungsverben zu erwähnen. Als eine der Untersuchungen im Bereich der strukturalistischen Analysen des Wortfeldes der Bewegungsverben ist die Arbeit von Helga Diersch (1972) zu nennen. Sie untersucht syntagmatische und paradigmatische Beziehungen des Wortinhalts der Verben der Fortbewegung in der deutschen Schriftsprache. Diese Untersuchung ist insofern von Bedeutung für das vorliegende Manuskript, als dass sie die meisten Verben gerichteter Bewegung beschreibt. Dazu sollten jedoch noch die Verben der vertikalen Bewegung gezählt werden, wie bspw. *„fallen"*, *„steigen"* usw. oder solche Bewegungsverben wie *„verschwinden"*, *„entweichen"*, *„entwischen"*, *„folgen"* usw. Des Weiteren werden in der oben erwähnten Arbeit keine Verbpartikeln analysiert, die die Bedeutung des Verbs ändern oder präzisieren können. Auf die Funktion und Bedeutung der Verbpartikeln wird in den folgenden Kapiteln näher eingegangen.

Eine kognitiv-linguistische Untersuchung der Polysemie deiktischer Bewegungsverben *„kommen"* und *„gehen"* von Claudio di Meola (1994) stellt einen weiteren Beitrag auf diesem Gebiet dar. Der Autor analysiert dabei vergleichend die verschiedenen Modalitäten der Fortbewegung, die die beiden Verben im Deutschen, Italienischen und Englischen kodieren können. Darüber hinaus werden die Fälle untersucht, in denen *„kommen"* und *„gehen"* einen unbelebten Bewegungsträger aufweisen, sowie die metaphorischen Verwendungsweisen, die auf deiktische Grundschemata zurückzuführen sind. Die Arbeit erfasst also die unterschiedlichen Verwendungsweisen dieser beiden Basisverben im Deutschen, was als wesentlicher Anhaltspunkt für ihre Behandlung in der bevorstehenden empirischen Untersuchung dienen soll.

Der Aufsatz von Mary Carroll (2000) „Representing path in language production in English and German: Alternative perspectives on figure and ground" ist eine kross-linguistische Studie und liefert wesentliche Überlegungen zu grammatischen Mitteln der sprachlichen Enkodierung von Bewegungsereignissen in mündlich produzierten Texten im Englischen und im Deutschen. Genauer genommen liegt der Schwerpunkt der Analyse auf der Perspektive diverser Bewegungsereignisse: Es wird also untersucht, wie die Raumstrukturierung in Bezug auf die Optionen Bewegung zu einem Ort vs. Bewegung innerhalb eines Ortes im Vergleich von Sprechern des Englischen und des Deutschen erfolgt. Die Materialbasis bilden mündliche Erzählungen einer stummen Animation, bestehend aus vier Teilen. Die Probanden wurden dafür gebeten, die Ereignisse aus dem Video detailliert zu beschreiben. Die Autorin kommt zu dem Fazit, dass bei der Positionierung der Ereignisse im Raum die Sprecher auf die grammatikalisierte Kategorien zugreifen, die in der jeweiligen Sprache zur Verfügung stehen, um die Ereignisse in der Zeit zu verbinden (vgl. Carroll 2000, S. 115). Englischsprecher tendieren eher zu inhärenten temporalen Ereignisstrukturen: Wenn ein Ereignis eine bestimmte Zeit lang andauert, wird der Ortswechsel in einzelne Phasen aufgeteilt (Ursprung, Weg, Ziel). Des Weiteren werden im Englischen nur die abrupten Ortsveränderungen durch ein einziges Prädikat ausgedrückt, das die einzelnen Wegabschnitte miteinander verbindet („*falls out of x into y*"). Deutschsprecher hingegen tendieren zu dieser letzten Option unabhängig vom inhärenten Charakter der Bewegung, die bevorzugten Prädikate (wie „*fallen*") verbinden dabei explizit die Orte im Bewegungsablauf. Auch wenn beide Sprachen über die grammatischen Mittel verfügen, um einzelne Ereignisphasen zu unterscheiden und sie dementsprechend zu positionieren, können bestimmte Präferenzen für die Ereigniskodierung festgestellt werden, die auf die grammatikalisierte Kategorien in der jeweiligen Sprache zurückführen. Die Aspektdifferenzierungen erlauben beispielsweise die Segmentierung in einzelne Phasen („*segmentation into phases*") und sind im Englischen, aber nicht im Deutschen, grammatikalisiert (vgl. ebd., S. 115). Was die Raumstrukturierung in Bezug auf die Optionen Bewegung zu einem Ort vs. Bewegung innerhalb eines Ortes anbetrifft, erfolgt diese im Deutschen mithilfe des grammatikalisierten Kasus, was das Englische nicht kennt. Die weiteren Annahmen beruhen darauf, dass bestimmte Perspektiven bezüglich der

Ereigniskodierung bereits auf der Konzeptualisierungsebene gebildet werden. Die Autorin unterstreicht mehrmals, dass solche sprachspezifischen Prozesse in der Informationsverarbeitung ein sehr breites Untersuchungsspektrum aufweisen (ebd., S. 115f.).

Besonders interessant und für die vorliegende Untersuchung bedeutungsvoll sind Feststellungen aus der empirischen Forschung von Grekhova, die sich auf die Verwendung des Verbalaspekts im Russischen durch Deutsch-Muttersprachler bezieht. Der Artikel wurde 1985 in Maslovs „Contrastive Studies in Verbal Aspect" veröffentlicht und basiert auf empirischem Material, das die Analyse der wesentlichen Abweichungen im Gebrauch des russischen Aspekts bei deutschen Studenten an der damaligen Universität Leningrad beinhaltet. Dabei ist zu berücksichtigen, dass alle Studenten mit dem Erwerb des Russischen als erster Fremdsprache bereits im Schulunterricht begonnen hatten. Die russische Wissenschaftlerin stellt dabei fest, dass die typischen Fehler der Sprecher durch sprachliche Interferenz erklärt werden können, oder genauer gesagt, durch den Transfer bestimmter sprachlicher Eigenschaften der Erstsprache in die Lernersprache (vgl. Grekhova 1985, S. 143). Dabei wird die Annahme des Transfers im Zusammenhang mit dem Aspektgebrauch folgendermaßen begründet:

> There is very reason to speak about interference in relation to the category of aspect because although not all languages have a grammatically formulated category of aspect, in the semantic system of every language there exists a certain 'zone of meanings' which are given expression by some means or other and which correspond to what is expressed in the Slavonic languages by aspectual form and modes of action (Maslov 1973, zit. nach ebd., S. 143f.).

Die Studie von Grekhova kommt somit zu dem Schluss, dass der Erwerb des grammatischen Verbalaspekts im Russischen durch Sprecher des Deutschen als Erstsprache mit erheblichen Schwierigkeiten verbunden ist, die u. a. dadurch erklärt werden können, dass eine falsche Analogie mit den deutschen Präfixen gezogen wird; die Suffixe, die an einer sekundären Imperfektivierung der präfigierten Verben beteiligt sind, werden dabei außer Acht gelassen (vgl. ebd., S. 153). Dieser Gedanke führt zur Bestätigung der in der vorliegenden Studie aufgestellten Hypothese des Transfers des Verhaltenssystems der Erstsprache beim Gebrauch eines ähnlichen sprachlichen Inventars in der Zielsprache.

Als ein weiterer für das vorliegende Manuskript besonders relevanten Beiträge im Bereich der Zweitspracherwerbsforschung, muss der Artikel von Schmiedtová und Sahonenko erwähnt werden. Diese Studie ist insofern von Bedeutung für die vorliegende Arbeit, als sie vergleichend untersucht, wie slawische Sprecher Ereignisse in der deutschen Sprache konzeptualisieren und versprachlichen. Die beiden Wissenschaftlerinnen vertreten in ihrer Arbeit die These, „dass sprachstrukturelle Merkmale, die in gewisser Weise als gefrorene Konzeptualisierungsschemata angesehen werden können, Präferenzen für die Informationsverarbeitung implizieren. Diese Konzeptualisierungsschemata sind sprachspezifisch und beeinflussen die Präferenzen, die ein Zweitsprachlerner in einer L2 hat" (Schmiedtová/Sahonenko in Walter/Grommes 2008, S. 53). Die beiden Wissenschaftlerinnen gehen in ihrer Studie davon aus, dass fortgeschrittene Deutschlerner, die in der Lage sind, einen grammatikalisch völlig korrekten Text zu bilden, trotz allem als Nicht-Muttersprachler auffallen, „wenn die Prinzipien der zeitlichen Informationsverteilung nicht befolgt werden" (ebd., S. 53). Sie vermuten ferner, dass es sich dabei um einen (negativen) Transfer aus der Muttersprache handeln könnte. Die Fehler, die von den Lernern in diesem Bereich gemacht werden, sind also vielmehr auf die nichtzielsprachige Präferenz zurückzuführen: „Die Lerner produzieren keine grammatisch falschen Sätze, aber sie verwenden Strukturen, die zwar in einem anderen Kontext durchaus möglich wären, von Muttersprachlern aber nicht gebraucht werden" (ebd., S. 53).

Für die Untersuchung wurden zunächst muttersprachliche L1-Daten erhoben. Dafür wurden insgesamt 90 Probanden aufgenommen, die drei Gruppen mit jeweils dreißig tschechischen, russischen und deutschen Sprechern bildeten. Alle Probanden füllten einen Fragebogen aus, in dem biographische Daten und soziale Variablen ermittelt wurden. Dabei sollten Alter und Bildung bei den Versuchspersonen konstant gehalten werden. Aus diesem Grunde wurden für das Experiment Erwachsene im Alter von 20 bis 30 Jahren, meist Studierende herangezogen. In einem zweiten Schritt wurden L2-Daten erhoben, die von russischen und tschechischen Lernern des Deutschen (jeweils 15 Personen) produziert wurden (ebd., S. 54). Dabei war das (sehr) fortgeschrittene Niveau der L2 Deutsch ein für die Untersuchung äußerst wichtiges Kriterium.

Als Stimulusmaterial dienten 40 kurze Videoclips, die alltägliche Situationen aus dem realen Leben beinhalteten und in einem Durchgang ca. 15 Minuten dauerten. „Es handelte sich hier um eine Online-Versprachlichung von dynamischen, singulären Situationen, die als Ereignisse bezeichnet werden" (Stutterheim 2003, zit. nach ebd., S. 55). Die Probanden sollten dabei eine Antwort auf die Frage „Was passiert gerade?" geben. Das akustische Signal wurde zunächst digital aufgenommen und transkribiert. Anschließend wurden die transkribierten Daten kodiert und analysiert (ebd., S. 55).

Die Analyse von Schmiedtová/Sahonenko bezieht sich auf die folgenden drei Bereiche: Aspektgebrauch (nur für das Tschechisch und das Russische, Tempusgebrauch (alle drei Sprachen) und Markierung der Endpunkte (alle drei Sprachen). In der Studie geht es folglich einerseits darum, die Unterschiede zwischen den beiden slawischen Sprachen hinsichtlich des Aspektgebrauchs aufzuzeigen, andererseits, die daraus resultierenden Präferenzen in der L2 Deutsch bei der Versprachlichung der Bewegungsereignisse festzustellen: „Im Folgenden werden wir aufzeigen, dass die temporale Strukturierung der Ereignisse deutliche sprachspezifische Merkmale aufweist, die auch in der Zweitsprachproduktion der fortgeschrittenen Lerner vorhanden und auf die jeweilige L1 zurückzuführen sind" (ebd., S. 56).

Die Ergebnisse der Studie zeigen, dass sich die beiden slawischen Sprachen, obwohl sie über das gleiche sprachliche Inventar verfügen, in Bezug auf den Aspektgebrauch erheblich voneinander unterscheiden.

> Der markanteste Unterschied in der Anwendung der Aspektformen bezieht sich jedoch auf den Gebrauch der präfigierten perfektiven Präsensformen, die im Tschechischen auch für die online-Darstellung der *hier und jetzt* ablaufenden Ereignisse gebraucht werden. […] Im Russischen dagegen werden präfigierte perfektive Präsensformen in Verbindung mit der *hier und jetzt-Bedeutung* nie verwendet. Diese Aspektform hat immer eine Zukunftsbedeutung (ebd., S. 57f., Hervorhebungen im Original).

Bezüglich des Tempusgebrauchs in den muttersprachlichen L1-Daten konnte zunächst festgestellt werden, dass deutsche Sprecher eine ganz andere Strategie verfolgten: Sie verwendeten in allen Darstellungen konsequent das Präsens als Haupttempusform (ebd., S. 59). Dagegen bevorzugten russische und tschechische Sprecher die Vergangenheitsform: Insbesondere in den Szenen, in denen eine

Handlung als abgeschlossen dargestellt wurde, griffen sie zum perfektiven Aspekt und somit zum Präteritum. Auch in den L2-Daten gebrauchten die slawischen Sprecher in allen Szenen überwiegend die Vergangenheitsformen. „Dieses Ergebnis legt die Annahme nahe, dass die Lerner das Fehlen des grammatischen Aspekts im Deutschen durch nicht zielsprachigen Tempusgebrauch zu kompensieren versuchen" (ebd., S. 62).

Des Weiteren wurden die morphologischen und lexikalischen Mittel der Endpunktmarkierung der Ereignisse (die räumlichen Ziele) in allen drei Sprachen untersucht. Zu den morphologischen Mitteln zählen die Präfixe bzw. die Verbpartikeln, durch deren Hinzufügen die rechte Grenze einer Situation zum Ausdruck gebracht werden kann (ebd., S. 51). Die Autorinnen weisen darauf hin, dass nicht alle Präfixe zwangsläufig einen Ortswechsel implizieren und stellen eine Tabelle der Präfixe zusammen, die eine Grenze der Bewegung kodieren (ebd., S. 51). Ferner wird ausgesagt, dass die räumlichen Ziele diverser Bewegungen auch explizit durch lokale Angaben ausgedrückt werden können. Dabei können folgende Typen von lokalen Angaben unterschieden werden: Lokale Angaben im allgemeinen Sinne (Dativ/Präpositiv), lokale Angaben, die auf den Ausgangsort hinweisen und lokale Angaben, die das räumliche Ziel explizieren. Dabei kann der Endpunkt des Zeitintervalls beim letzten Typ „je nach kontextuellen oder grammatischen Informationen vom Empfänger als erreicht bzw. als nicht erreicht interpretiert werden" (ebd., S. 52). In dieser Studie wurde also lediglich der letzte Typ von lokalen Angaben berücksichtigt. Des Weiteren wurden nicht nur Bewegungsverben, sondern auch die Transportverben wie *werfen, holen, sägen* usw. in die Untersuchung miteinbezogen. In der vorliegenden empirischen Untersuchung werden die morphologischen und lexikalischen Mittel untersucht, wobei sowohl die Zielorte als auch die Ausgangspunkte der gerichteten Bewegung der Schwerpunkt des empirischen Vorhabens sind.

Interessant sind folgende Analyseergebnisse, die in Bezug auf Markierung der räumlichen Ziele im Laufe der Studie sprachspezifisch aufgezeigt worden sind. Die für diesen Analysebereich relevanten Szenen wurden in zwei Gruppen aufgeteilt: Zur ersten Gruppe zählen jene Szenen, in denen eine Bewegung von A nach B dargestellt wird, ohne dass das Erreichen von Punkt B gezeigt wird, die zweite Gruppe beinhaltet die Szenen, in denen der Punkt B erreicht wird (ebd., S. 62).

Auch in diesem Bereich stellten sich Unterschiede zwischen den beiden slawischen Sprachen heraus: Während die tschechischen Probanden die Endpunkte durch lokale Angaben in allen relevanten Szenen in der Mehrheit der Äußerungen verbalisierten, erwähnten die russischen Sprecher erst dann Endpunkte, wenn diese auch tatsächlich als erreicht gezeigt wurden (ebd., S. 63). Des Weiteren bevorzugten die russischen Muttersprachler in ihren L1-Daten eine deutliche Präfix-Strategie, während deutsche Sprecher überwiegend lokale Angaben zum Ausdruck der Endpunkte verwendeten (ebd., S. 64). Ferner konstatieren die beiden Forscherinnen folgende interessante Tendenz:

> Wie bereits erwähnt, werden im Russischen zur Endpunktmarkierung Präfixe verwendet. Diese Präferenz schlägt sich bei den russischen Lernern nieder, indem sie (a) der deutschen Strategie, Endpunkte durch lokale Angaben zu markieren, nicht so klar folgen und (b) sich von den tschechischen Lernern des Deutschen signifikant unterscheiden. Mit anderen Worten, stehen russische Lerner in L2 Deutsch in einem Konflikt zwischen ihrer muttersprachlichen Strategie und der der Zielsprache. Dies führt dazu, dass sie in L2 Deutsch keine klare Präferenz mehr zeigen (ebd., S. 65).

Und noch eine für die vorliegende Untersuchung relevante Bemerkung: In den Szenen, in denen durch deutsche Muttersprachler typischerweise nicht-präfigierte Verbalformen verwendet wurden, setzten die russischen Sprecher in der Mehrheit der Äußerungen ein Präfix vor. „Diese Tendenz ist sicherlich nicht ungrammatisch für die deutsche Sprache, zeigt sich jedoch als untypisch für den zielsprachigen Gebrauch" (ebd., S. 65f.). Nichtsdestotrotz erscheint der Unterschied zwischen russischen und deutschen Sprechern insgesamt nicht wesentlich, da die Zahlen nicht so sehr auseinander liegen (ebd., S. 66).

2.3 Zum Begriff des Aspekts im Russischen

2.3.1 Definitionen des Aspekts

Aspekt stammt aus dem Lateinischen *aspectus* (='Gesichtspunkt'). Der russische Terminus *vid* – mit der Bedeutung „Äußeres, Sicht, Art, Typ" – geht auf den lateinischen Begriff zurück. *Vid* ist als Verbalbedeutung in der *Slavischen Grammatik* von Smotrickij zur Bezeichnung einer Opposition zwischen primären und abgeleiteten, inchoativen und iterativen Verben Anfang des 17. Jahrhunderts gebraucht worden (Cosma 2004, S. 17).

> Es ist eine typische Erscheinung der slawischen Sprachen, jede mit einem Verb bezeichnete Handlung aspektuell zu differenzieren. Darunter ist zu verstehen, daß für den Slawen in der konkreten Rede keine Handlung ohne Zuordnung zu einem bestimmten Aspekt denkbar ist. Seine Vorstellung von Handlungen ist untrennbar mit einer spezifischen gedanklichen Differenzierung verbunden, die in der Verwendung der perfektiven oder imperfektiven Aspektform ihren sprachlichen Ausdruck findet. Diese gedankliche Differenzierung resultiert aus einem Gefüge von kommunikativen Bedingungen, in das der Sprechende eingeordnet ist und aus dem sich die bestimmenden Faktoren für die Verwendung der Aspektform ergeben (Mulisch/Gabka 1988, S. 77).

Eine der häufigsten Schwierigkeiten bei der Formulierung der theoretischen Definition des Aspektbegriffs liegt in der allgemeinen terminologischen Verwirrung, in Folge derer Termini wie *Aspekt* und *Aktionsart* oft gleichgesetzt werden. So werden in der deutschen Linguistik die Begriffe *imperfektiv* und *perfektiv* nicht nur für die Benennung slawischer Aspekte, sondern oft auch für die Bezeichnung der verschiedenen Aktionsarten deutscher Verben verwendet (Schmiedtová/Sahonenko 2008, S. 46). Die Differenzierung dieser beiden Begriffe wird noch zusätzlich dadurch erschwert, dass die beiden Kategorien mit Hilfe der gleichen Operatoren (durch Präfixe und/oder Suffixe) gebildet werden. Dadurch, dass diese Präfixe und/oder Suffixe grammatische und/oder lexikalische Bedeutung in Bezug auf die aspektuelle Differenzierung mit sich bringen, werden zwei Typen des Aspekts unterschieden, und zwar der grammatische und der lexikalische Aspekt. Der letztere soll als Aktionsart bezeichnet werden und nicht als Aspekt (ebd., S. 46f.). In der vorliegenden Arbeit wird dementsprechend lediglich mit dem Begriff des grammatischen Aspekts operiert.

In der slawischen Aspektlehre existiert eine große Menge von Theorien, die von verschiedenen Aspektbedeutungen bzw. -funktionen ausgeht. Die meisten dieser Theorien haben eines gemeinsam – den Begriff der so genannten Grenze (russ. *predel*) (vgl. ebd., S. 47). Auch in den aktuellen westeuropäischen Schulen wird weitgehend der Begriff der Grenze verwendet. So gibt Sasse in seinem Aufsatz (2002) einen Überblick über Aspekttheorien, die erst vor kurzer Zeit im europäischen Raum publiziert worden sind. Alle diese Theorien gehen von der Aspektualität (*aspectuality*) als übergeordneter semantischer Kategorie aus, die als eine Art Grenze (*boundary*) oder Anfangs- und Endpunkt definiert wird (Sasse 2002, zit.

nach ebd., S. 47). Der Begriff der Grenze ist sehr wichtig für das Verstehen der semantischen Funktion des grammatischen Aspekts, „die darin besteht, die Abgeschlossenheit bzw. Nicht-Abgeschlossenheit der Sachverhalte zum Ausdruck zu bringen, die sich im Erreichtsein bzw. Nicht-Erreichtsein der rechten Grenze einer Ereigniszeit äußert" (ebd., S. 47). Nach Schmiedtová/Sahonenko drückt also der perfektive Aspekt das Erreichtsein der rechten Grenze aus; der imperfektive das Nicht-Erreichtsein dieser Grenze. Die beiden Forscherinnen machen jedoch an dieser Stelle eine Bemerkung diesbezüglich, dass es einerseits die vorläufige Formulierung der Funktionen des Aspekts ist, es aber andererseits in der heutigen Forschung noch keine klaren Erkenntnisse aus der systematischen Untersuchung der sprachlichen Mittel gibt, durch welche die Grenze einer Handlung angegeben wird (vgl. ebd., S. 48).

Bei Mulisch/Gabka findet sich eine detaillierte Beschreibung der Bedeutung des perfektiven und imperfektiven Aspekts: „Die Bedeutung des perfektiven Aspekts ist zu bestimmen als *Ganzheitlichkeit der durch das Verb bezeichneten Handlung* (celostnost' dejstvija) unabhängig von der lexikalischen Bedeutung des Verbs" (Mulisch/Gabka 1988, S. 80, Hervorhebungen im Original). Zur Ganzheitlichkeit der durch das Verb bezeichneten Handlung gehören folgende charakteristische Elemente:

a) Die Ganzheitlichkeit schließt ein, dass die Handlung ihr Ziel und damit ihre Grenze erreicht (dostiženie celi ili predela). Das heißt, dass die Handlung ihren Endpunkt, ihren eigentlichen Zweck erreicht hat und nicht mehr fortgesetzt werden kann. In anderen Worten: Die Handlung hat sich erschöpft (ebd., S. 80f.).

b) Die Ganzheitlichkeit ist *unvereinbar mit der Bezeichnung der Entwicklung und Dauer der Handlung* (razvitie i dlitel'nost' dejstvija). „Der perfektive Aspekt sieht von der in der objektiven Realität immer notwendigen Zeit zum Vollzug einer Handlung ab" (ebd., S. 82).

c) Die Ganzheitlichkeit bedingt die Unteilbarkeit der Handlung (nedelimost' dejstvija). Diese Eigenschaft bedeutet einerseits, dass die Handlung nicht in Phasen zerlegt werden kann, andererseits die Unmöglichkeit ihrer Wiederholung, denn die Wiederholung von Handlungen hat den Gebrauch des imperfektiven Aspekts zu Folge (ebd., S. 82).

Im Gegensatz zum perfektiven Aspekt verfügt der imperfektive außerhalb des Kontextes über keine bestimmte Bedeutung, genauer gesagt, er nimmt seine spezielle Bedeutung erst im Kontext an.

> Dem durch ein fest umrissenes Merkmal gekennzeichneten perfektiven Aspekt steht die imperfektive Form als **merkmalloses Glied** gegenüber. Dabei ist dieser imperfektive Aspekt kein logischer Gegenpol zu seinem merkmalhaften Korrelat, sondern er verhält sich zur Bedeutung des Merkmals neutral. Er ist einerseits unfähig, dieses Merkmal zu signalisieren, d. h. es auszudrücken. Andererseits muß er dieses Merkmal kommunikativ durchaus nicht negieren, er kann es sogar in sich einschließen, ohne sich aber darauf zu beschränken (ebd., S. 83, Hervorhebungen im Original).

2.3.2 Bildung der Aspektformen im Russischen

Die korrelativen Aspektbedeutungen (vidovye značenija) werden bei den meisten russischen Verben formal durch zwei verschiedene Aspektstämme (vidovye osnovy) oder Aspektpaare (vidovye pary) ausgedrückt. Je nach der Bildungsweise des Aspektpaares werden folgende Formen unterschieden:

- präfixale korrelative Aspektformen, z. B. ipf. *bežat'* → pf. ***pribežat'*** *(laufen);*
- suffixale korrelative Aspektformen, z. B. pf. *vospitat'* → impf. *vospityvat' (erziehen);*
- suppletive korrelative Aspektformen, z. B. ipf. *brat'* → pf. *vzjat' (nehmen).*

Nichtpräfigierte Verben, auch Simplizia genannt, sind in der Regel imperfektiv. Die Präfigierung (prefiksacija) ist in der Regel mit der Perfektivierung verbunden (ebd., S. 108f.). Dabei sollte jedoch Folgendes beachtet werden:

   a. Es gibt Verben, die keinen Aspektpartner haben, sie sind also *aspektdefektiv*, und es gibt Verben, die einen Aspektpartner haben, also *aspektpaarig* sind;

   b. Bei vollendeten Verben, die nach der Präfigierung auf der 1. Stufe auch eine 2. Stufe durch Suffigierung zulassen, ergibt sich eine zweite, eine sekundäre Imperfektivierung.[3]

---

[3] http://www.uni-potsdam.de/u/slavistik/vc/rlmprcht/rsg/morphologie/verb/skripte/skr_aspektbildung_ov.html

Die Umbildung eines dreigliedrigen Aspektverhältnisses mit Bedeutungsdifferenzierung kann an dem folgenden Beispiel demonstriert werden (Mulisch/Gabka 1988, S. 111):

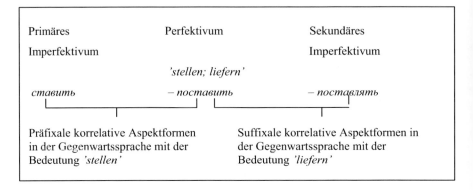

Tabelle 3: Die Umbildung eines dreigliedrigen Aspektverhältnisses im Russischen.

In Bezug auf die Aspektzugehörigkeit lassen sich also folgende Regeln formulieren:
1. Unpräfigierte Verben sind in der Regel unvollendet.
2. Präfigierte Verben ohne Aspektsuffixe sind in der Regel vollendet.
3. Verben mit den Aspektsuffixen (-iva-/-yva-, -va-, -a-, -ja-) sind unvollendet (vgl. Fußnote 3).

2.3.3 Die Verben der Fortbewegung im Aspektsystem des Russischen

Bei den paarigen Verben der Fortbewegung (parnye glagoly dviženija ili peremeščenija) handelt es sich um eine kleine, unproduktive, aber für den praktischen Sprachgebrauch sehr wichtige Gruppe von Verben, die durch folgende drei Besonderheiten gekennzeichnet ist:
   a) sie bezeichnen eine Fortbewegung im Raum
   b) sie treten paarig auf
   c) beide Verben des Paares sind imperfektiv

Zu den paarigen Verben der Fortbewegung gehören folgende vierzehn Verbpaare, von denen das eine als **determiniert** (odnonapravlennyj glagol) und das andere als **indeterminiert** (neodnonapravlennyj glagol) bezeichnet wird (Mulisch/Gabka 1988, S. 120f.):

Determiniert	Indeterminiert	Deutsche Entsprechungen
бежа́ть	– бе́гать	laufen, rennen
брести́	– броди́ть	sich mit Mühe fortbewegen, schlendern
везти́	– вози́ть	fahren (trans.)
вести́	– води́ть	führen
гнать	– гоня́ть	jagen, treiben
е́хать	– е́здить	fahren (intrans.)
идти́	– ходи́ть	gehen
кати́ть	– ката́ть	rollen, wälzen
лезть	– ла́зить	klettern
лете́ть	– лета́ть	fliegen
нести́	– носи́ть	tragen
плыть	– пла́вать	schwimmen
ползти́	– по́лзать	kriechen
тащи́ть	– таска́ть	ziehen, schleppen

Tabelle 4: Die Verben der Fortbewegung (ebd., S. 121).

Für die Verwendung in *direkter Bedeutung* lassen sich die Verbpaare dieser Sondergruppe als eine Opposition darstellen, in der das **determinierte Verb** unabhängig vom Kontext durch das gleiche semantische Merkmal gekennzeichnet ist. Dieses semantische Merkmal ist als Fortbewegung *in eine* Richtung zu einer bestimmten Zeit zu bestimmen (ebd., S. 121).

Das **indeterminierte Verb** ist in seiner semantischen Allgemeinbedeutung dadurch gekennzeichnet, dass es die kontinuierliche Fortbewegung *nicht in eine* Richtung bezeichnet. Daraus resultieren mehrere spezielle Bedeutungen des indeterminierten Verbs (ebd., S. 121f.):

1) Bewegung in verschiedene Richtungen.

   On *begal* po dvoru i lovil kuricu.

   Er *lief* auf dem Hof *umher* und versuchte eine Henne zu fangen.

2) Bewegung hin und zurück (Pendelbewegung).

   Ja včera *chodil* v teatr. Vgl. Ja včera byl v teatre.

   Ich *war* gestern im Theater.

In dieser speziellen Bedeutung ist die Verwendung des indeterminierten Verbs nur im Präteritum möglich.

3) Sich wiederholende Fortbewegung.

Sie schließt die Bewegung in eine Richtung ein, ist aber nicht auf sie beschränkt, da die Wiederholung die Rückbewegung zur Voraussetzung hat.

Každyj den' on *ezdil* v gorod.

Jeden Tag *fuhr* er in die Stadt.

4) Art der Fortbewegung als Fähigkeit (potentielle Fortbewegung).

Rebënok uže *chodit*.

Das Kind *läuft* bereits (*kann* bereits *laufen*).

> Durch Präfigierung wird die lexikalische Bedeutung der paarigen Verben der Fortbewegung verändert oder modifiziert. Im ersten Fall entstehen Verben neuer Semantik, die korrelative Aspektformen bilden; die besondere Semantik der paarigen Verben der Fortbewegung ist aufgehoben. Dagegen werden durch Modifikation der Bedeutung des Ausgangsverbs verschiedene Aktionsarten zu bestimmten speziellen Bedeutungen der determinierten und indeterminierten Verben gebildet; die Gegenüberstellung determiniert : indeterminiert findet aber keinen Ausdruck mehr (ebd., S. 124).

Alle **determinierten Verben** können sich mit *Präfixen räumlicher Bedeutung* (pristavki s prostranstvennym značeniem) verbinden und werden dadurch perfektiv, z. B. *vbežat'* 'hineinlaufen', *vyvezti* 'ausführen, exportieren', *svesti* 'hinabführen', *razognat'*, 'auseinanderjagen', *priechat'* 'ankommen', *zajti/vojti* 'hineingehen', *otkatit'* 'fortrollen', *vlezt'* 'hinaufklettern', *obletet'* 'umfliegen', *unesti* 'wegtragen', *proplyt'* 'vorüberschwimmen', *podpolzti* 'herankriechen', *peretaščit'* 'hinüberschleppen' (ebd., S. 124).

Diese Verben bilden korrelative imperfektive Aspektformen. Dabei sind zwei verschiedene Verfahren zu unterscheiden.

a) Die korrelative imperfektive Aspektform wird durch Präfigierung des entsprechenden indeterminierten Verbs gebildet, sodass durch die Präfigierung mit einem Präfix räumlicher Bedeutung die Gegenüberstellung determiniert/indeterminiert in die Aspektgegenüberstellung perfektiv/imperfektiv umgewandelt wird. Dieses Verfahren wird bei folgenden sechs paarigen Verben der Fortbewegung angewandt (ebd., S. 124):

vezti – vozit' → vyvezti – vyvozit'

vesti – vodit' → svesti – svodit'

gnat' – gonjat' → razognat' – razgonjat'

idti – chodit' → zajti – zachodit'

letet' – letat' → obletet' – obletat'

nesti – nosit' → unesti – unosit'

b) Die korrelative imperfektive Aspektform wird durch Suffigierung (sekundäre Imperfektivierung) gebildet (ebd., S. 124f.):

proplyt' → prop**lyva**t'

vbežat' → vbeg**a**t'

vlezt' → vlez**a**t'

podpolzti → podpolz**a**t'

Durch Anfügung des *Präfixes "po-"* an **determinierte Verben** entstehen Verben der ingressiven Aktionsart, die Perfektiva tantum sind, z. B. *pojti* 'losgehen', *poechat'* 'losfahren', *pobežat'* 'losrennen'. Die indeterminierten Verben können sich mit einigen Präfixen nichträumlicher Bedeutung verbinden. Dabei entstehen Verben verschiedener Aktionsarten, die ebenso Perfektiva tantum sind (ebd., S. 124f.).

2.4 Zum Begriff des Transfers und der Interferenz

> Wenn zwei (oder mehr) Sprachen in einer Sprechergemeinschaft oder in einem Individuum miteinander in Kontakt treten, kann es zu einseitigen oder gegenseitigen Beeinflussungen dieser Sprachen kommen (Pfandl 2000, S. 79).

Die Auffassung, dass die Muttersprache den Fremdsprachenerwerb beeinflussen kann, ist nicht neu. Bereits 1877 führt Sweet den Begriff der *cross-association* bei der Ausspracheaneignung ein. Die klassische Interferenzauffassung, die sich auf die direkte Übertragung linguistischer Strukturen bezog, entwickelte sich im Wesentlichen im Anschluss an Lado. Etwas später entwickelte Lado eine eher psychologisch orientierte Transfer-Theorie (*transfer of learning*), die die kontrastive Linguistik und vor allem den kontrastiv orientierten Fremdsprachenunterricht beeinflusst hat. Die Kernthese dieser Transfer-Theorie besagt: Früher Gelerntes übt auf später Gelerntes einen positiven (*positive transfer*), einen negativen (*negative transfer*) bzw. gar keinen Einfluss (*zero transfer*) aus (Lado 1972 zitiert nach Uhlisch 1992, S. 41).

„Früher Gelerntes" wurde in der Regel mit der Muttersprache gleichgesetzt, „später Gelerntes" mit der Fremdsprache. Durch den linguistischen Vergleich der beiden Sprachen konnten die Lernschwierigkeiten, der negative Transfer, vorausgesagt werden. Die kontrastive Linguistik beschäftigte sich damit, wobei fast nur Phonologie und Grammatik im Mittelpunkt ihrer Analysen standen (ebd., S. 41).

Dabei sind die schwachen Seiten dieser Transfer-Theorie und der kontrastiven Linguistik mehrmals beschrieben worden: Die Eindeutigkeit von Prognosen, die Vernachlässigung nicht vorhergesagter Fehler, die Schwierigkeitshierarchien, die mit den tatsächlichen Lernschwierigkeiten nicht unbedingt übereinstimmen, die „mageren" Ergebnisse kontrastiver Analysen, die über die Erfahrungen der Sprachlehrer und die Ergebnisse empirischer Fehleranalysen nicht hinausgehen (ebd., S. 41). Die Ursachen für diese Schwächen liegen möglicherweise in der undifferenzierten Transfer-Theorie. Mit „früher Gelerntem" wird nicht nur das Muttersprachensystem, sondern auch die erste(-n) Fremdsprache(-n) assoziiert, die Einfluss auf die Zielsprache nehmen könnte(-n). Des Weiteren wird das Zielsprachensystem allmählich aufgebaut und der Sprachstand der Lerner sowohl in der Mutter- als auch in der Fremdsprache hat einen ebenso großen Einfluss auf das Vorkommen möglicher Transfererscheinungen. Der Begriff der Ähnlichkeit, der für die Transfer-Theorie von besonderer Bedeutung ist, ist ebenso nicht eindeutig objektiv kategorisiert worden. Ein hoher Ähnlichkeitsgrad führt z. B. nach Juhász meistens zu negativem Transfer, der so genannten homogenen Hemmung (Juhász 1970, S. 97).

Interessant ist in dieser Hinsicht, die Problematik der Interferenz bei Juhász weiterzuverfolgen. Der Sprachwissenschaftler untersucht dieses Phänomen am Beispiel ungarischer Deutschlerner und versteht unter Interferenz „die durch die Beeinflussung von anderen sprachlichen Elementen verursachte Verletzung einer sprachlichen Norm bzw. der Prozeß der Beeinflussung" (ebd., S. 9). Dabei unterscheidet Juhász die Interferenz innerhalb einer Sprache (intralingual) und zwischen zwei Sprachen (interlingual). Bei der zweiten Art unterscheidet er die Interferenz der Fremdsprache auf die Muttersprache und die Interferenz der Muttersprache auf die Fremdsprache (ebd., S. 9).

Weiterhin ist für Juhász wichtig, folgende unterschiedlichen, aber miteinander zusammenhängenden Arten der Interferenz zu unterscheiden:

> In dem Augenblick, da man eine Sprache – die Muttersprache – beherrscht, bestehen in der Psyche sehr feste Beziehungen zwischen den sprachlichen Zeichen und den Erscheinungen der objektiven Wirklichkeit, zwischen den sprachlichen Formen und den Begriffen, sowie den sprachlichen Zeichen zwischeneinander. Darin besteht das Systemhafte und Funktionale der Sprache. Ohne hier weiter auf die Problematik des Unterschieds von Zeichen und Begriff einzugehen, kann gesagt werden, daß diese festen Beziehungen den natürlichen Zustand der Sprache ausmachen (ebd., S. 9).

Sobald jedoch zwei Sprachen in Kontakt treten, „gelangen die beiden einander gegenüberstehenden Systeme der Oppositionen im Denken des Sprechenden miteinander in eine Wechselwirkung, von denen jedes sein Spezifikum besitzt" (Rosenzweig/Uman 1963, zit. nach ebd., S. 9). Infolgedessen „sträubt sich" dieser Zustand der Psyche (= die Beherrschung der Muttersprache) auf eine ganz natürliche Weise gegen die Aneignung eines zweiten Zeichensystems. Die Psyche „wehrt sich" gegen die Integration der fremden Elemente, weil diese das normale Funktionieren des Nervensystems gefährden (ebd., S. 9).

„Dieser Substitutionsdruck der Fremdsprache auf die Muttersprache ist so lange gegenwärtig, als man die eine Sprache als Muttersprache, die andere als Fremdsprache empfindet" (ebd., S. 10). In diesem Fall handelt es sich um eine globale Interferenz.

> Die andere Art der Interferenz besteht darin, daß wenn man sich sozusagen schon mit dem Gedanken des Gebrauchs der fremden Sprache abgefunden hat und die fremden Zeichen und Strukturen „an sich heranläßt", die Zeichen und Strukturen der Muttersprache die der fremden Sprache zu assimilieren versuchen und damit Störungen im fremden Sprachsystem verursachen, die zu Verstößen gegen die Norm führen. Man könnte diese Einzelinterferenz nennen (ebd., S. 10).

In seinen Untersuchungen geht Juhász also auf diese Einzelinterferenz ein, die grundsätzlich in drei linguistischen Arten erkannt werden kann:

a) phonetische,
b) grammatische,
c) semantische Interferenz

Folglich hebt der Sprachwissenschaftler noch hervor, dass es „eine Ausübung der Fremdsprache ohne Interferenz der Muttersprache (bzw. einer Sprache, die dominanter ist als die Fremdsprache) äußerst selten gibt" (ebd., S. 11). Des Weiteren erscheint die folgende Überlegung in diesem Zusammenhang sehr wichtig: „Die

Gegenwart der dominierenden Sprache ist eine notwendige Voraussetzung für das normale Funktionieren der höchsten psychischen Tätigkeiten" (Kováč 1967, zit. nach ebd., S. 11).

Bemerkenswert sind darüber hinaus einige Gedanken bezüglich des Unterscheidens der Interferenz und des Transfers bei Juhász. Wenn die Interferenz einerseits als Verletzung der Norm, andererseits als Prozess bestimmt wird, so müsste in erster Linie die sprachliche Norm eindeutig bestimmt und zur Beschreibung des Prozesses der Sprachausübung psychologische Methoden herangezogen werden, denn „die Sprachausübung ist eine psychische Tätigkeit, und man kann sie allein mit linguistischen Methoden nicht untersuchen, ohne recht bald auf Grenzen zu stoßen" (ebd., S. 12).

Beim Erwerb einer Zweit- bzw. Fremdsprache bemüht sich der Lernende, die Muttersprache zu neutralisieren bzw. zu Hilfe zu nehmen, je nach Lernmethode (vgl. ebd., S. 29). „Sowohl bei einem wenig geübten aber mit einem relativ hohen Grad der Bewußtheit ausgeübten Sprachgebrauch als auch bei einer unbefangenen, die Sprache spontan anwendenden Sprachausübung besteht das Bestreben, die Gedanken in ihren muttersprachlichen Formen auszudrücken" (ebd., S. 29). In den Fällen, in denen der bewusste Vergleich oder der spontane Einfluss des muttersprachlichen Zeichens in die Richtung wirkt, dass der Sprachausübende nicht gegen die Norm der Fremdsprache verstößt, wird diese Art des muttersprachlichen Einflusses bei Juhász als *Transfer* definiert (ebd., S. 30).

Während also der Transferbegriff bei Lado als der übergeordnete und neutrale Sammelbegriff definiert wird, versteht Juhász nur eine „positive Wirkung" darunter. „Bei einer großen Zahl von sprachlichen Einheiten kommen Transfer und Interferenz gleichzeitig zur Geltung, weil die entsprechenden Formen Ähnlichkeiten u n d Unterschiede aufweisen" (ebd., S. 31, Hervorhebung im Original). Des Weiteren haben Transfer und Interferenz unter psychologischem Blickpunkt „denselben Ursprung, denselben Mechanismus, sie bezeichnen denselben Prozess, und der Unterschied zwischen ihnen besteht nur im linguistischen 'Ergebnis' […] – im Einhalten der Norm bzw. im Verstoß gegen sie" (ebd., S. 32).

Zum Schluss sei noch die Stellung Juhász zur vollständigen Zwei- bzw. Mehrsprachigkeit unter dem Gesichtspunkt des Transfers bzw. der Interferenz benannt:

> Eine vollkommene Gleichbeherrschung mehrerer Sprachen ist eine solche Seltenheit, daß sie eher ein individual-psychologisches als ein mit statistischen Methoden zu erarbeitendes Problem ist. […] Außerdem wäre ja bei hundertprozentigem Bilinguismus die Interferenz per definitionem ausgeschlossen. […] Untersucht man die unter natürlichen Umständen gelernte Zweitsprache, so hat man den großen Vorteil, daß die Interferenz der Muttersprache u n m i t t e l b a r zur Geltung kommt, d. h. andere, das Bild der Interferenz störende, Faktoren zu einem großen Teil ausgeschaltet sind. Außerdem ist die Zahl der Interferenzerscheinungen niedriger, so daß i. a. die Interferenz eindeutiger, exakter mit Beispielen zu belegen ist. Auch die Sprachschichten werden so besser unterschieden (ebd., S. 24, Hervorhebung im Original).

Zusammenfassend lässt sich also in Anlehnung auf Uhlisch schlussfolgern: „Inzwischen ist die Transfer- und Interferenzproblematik aus der Fremdsprachenerwerbstheorie nicht wegzudenken, ist aber nach wie vor ein kontroverses Gebiet" (Uhlisch 1992, S. 42).

Im Folgenden werden für Vergleichszwecke noch einmal die Definitionen der Begriffe des Transfers und der Interferenz aus dem „Fachlexikon Deutsch als Fremd- und Zweitsprache" angeführt:

> **Transfer, der/Transferenz, die:** Der enge Transferbegriff des Behaviorismus unterscheidet bei der Übertragung sprachlicher Elemente: a) positiven Transfer: strukturelle Identität = korrekte zielsprachliche Äußerung, und b) negativen Transfer: strukturelle Differenz = fehlerhafte zielsprachliche Äußerung (→ Interferenz). […] Transferenz bezeichnet den Prozess jeglicher Übertragung sprachlicher Elemente. Die aktuelle Forschung erfasst mit Transferenz vielschichtige Formen zwischensprachlicher Interaktion, dies schließt Transferenz von sprachstrukturellem und spracherwerbsstrategischem Wissen ein (Barkowski/Krumm 2010, Hervorhebungen im Original).
>
> **Interferenz, die:** auch: negativer (→ Transfer); der negative Einfluss der Muttersprache oder anderer, bereits vor dem Erlernen einer jeweiligen Fremdsprache erworbener Sprachen auf den Erwerb dieser Fremdsprache. Man unterscheidet inter- und intralinguale I.; interlinguale (zwischensprachliche) I. kann in zwei Richtungen verlaufen: von der Muttersprache zur Zielsprache = proaktiv und umgekehrt = retroaktiv (im Fremdsprachenunterricht eher selten, → Sprachkontakt). Intralinguale I. beschreibt Übertragungen innerhalb der Zielsprache wie z. B. → Übergeneralisierungen oder Analogiebildungen. Der Begriff I. ist eng verbunden mit der → Kontrastivhypothese, die I. als eine wesentliche Fehlerursache beschreibt. […] (Ebd., Hervorhebungen im Original).

Der Einfluss der Muttersprache auf die Fremdsprache ist also eine unbestrittene Tatsache. „Transfer und Interferenz werden meistens als wesentliches Charakteristikum des L2-Erwerbs angesehen, und zwar sowohl für den natürlichen L2-Erwerb als auch für den gesteuerten Fremdsprachenunterricht" (Uhlisch 1992, S. 42).

> Unabhängig vom Spracherwerbstyp (natürlich/gesteuert) kann man es als Tatsache ansehen, daß Sprachen nicht als Ganzes und auf einmal gelernt werden. Der Lerner nähert sich der Zielsprache über zahlreiche Zwischenstufen (Interimssprachen, Zwischensprachen, interlanguages, Lernersprachen, ein Sprachgebilde, „das sich in einem Fremdsprachenlerner infolge Konfrontation mit zielsprachlichen Daten herausbildet, ohne dabei jedoch völlig mit der Zielsprache identisch zu sein. Für die Entstehung der Lernersprache sind die Muttersprache, gegebenenfalls weitere vorgängliche Fremdsprachen und die Zielsprache konstitutiv; für den Grad ihrer Ausprägung, ihren Entwicklungsstand, ihre Idiosynkrasien sind insbesondere individuelle, soziale lernsituationsabhängige und dabei gegebenenfalls auch methodisch-didaktische Variablen ausschlaggebend"[4] (ebd., S. 42).

Der Rückgriff auf muttersprachliches bzw. vorher gelerntes fremdsprachliches (sprachliches und außersprachliches) Wissen wird also als Prozess des Transfers definiert. Führt diese Übertragung zu einem normabweichenden Output, so soll dieses Produkt als Interferenz bezeichnet werden. Transfer gehört zu den wichtigen Lernprinzipien, wobei das neue Wissen unter dem bereits Gelerntem subsumiert wird (vgl. ebd., S. 42). Aber was genau wird durch den Fremdsprachenlerner in seine Zielsprache transferiert? Gegenwärtige Auffassungen der Zweitspracherwerbsforschung zeigen: transferiert werden können nur sprachliche Einheiten, die hinreichend ähnlich sind. „Damit Transfer möglich wird, muß der Lerner Ähnlichkeiten zwischen Ziel- und Muttersprache feststellen. Je mehr Ähnlichkeit er wahrnimmt, und je größer die Ähnlichkeit ist, die er feststellt, umso größer ist auch der Transferertrag" (Vogel 1990, zitiert nach ebd., S. 42). Zusammenfassend lässt sich nach Gerda Uhlisch sagen, dass Transfer dort möglich ist, „wo kongruente, d. h. analoge Formen in ihren grammatischen oder lexikalischen Bedeutungen weitgehend (positiv) bzw. überhaupt nicht oder nur teilweise (negativ) übereinstimmen, oder wo gleiche Bedeutungen durch gleiche Formen (positiv) oder unterschiedliche sprachliche Formen (negativ) wiedergegeben wird (ebd., S. 43).

Weiter weist die Wissenschaftlerin darauf hin, dass nicht nur sprachliche Erscheinungen, sondern auch das Verhaltenssystem der Muttersprache transferiert werden kann (vgl. ebd., S. 43). Dieser Gedanke führt uns zum Begriff des Transfers der Konzepte, welcher für die vorliegende Untersuchung von Bedeutung ist. Wie in der Einführung dieser Arbeit erwähnt wurde, wird angenommen, dass die Probanden mit der russischen Erstsprache das Konzept des im Russischen gram-

---

[4] Zitat im Zitat von Vogel 1990.

matikalisierten Aspekts in ihre L2 Deutsch transferieren und sich dabei dem zur Verfügung stehenden sprachlichen Inventar bedienen, das dem Russischen ähnlich zu sein scheint, nämlich den Verbpartikeln. Zur Funktion der Verbpartikel im Deutschen ist zu sagen, dass sie das Potential haben, Argumente des Basisverbs zu sättigen. Wunderlich hat als einer der ersten auf das Potential der Partikeln hingewiesen, dass „die Partikeln den Bedeutungseintrag der korrespondierenden Präpositionen aufweisen, wobei das interne Argument der zugrundeliegenden LOC-Relation implizit bleibt" (Wunderlich 1986, zit. nach Stiebels 1996).

Wie in Kapitel 2 bereits erwähnt, beruht die aufgestellte Hypothese hierbei auf einer strukturellen Ähnlichkeit zwischen den beiden Sprachen, betrifft jedoch nicht deren semantische Ebene, weil die Verbalpräfixe im Russischen eine andere Funktion bzw. Funktionen erfüllen als die Verbpartikeln im Deutschen. Ergo haben beide Sprachen eine ähnliche Form, die jedoch dort jeweils eine andere Bedeutung trägt. Oder wie Juhász dieses Phänomen definiert: „Das muttersprachliche und das fremdsprachliche Element fügen sich auf ähnliche Weise, in das jeweilige System ein" (Juhász 1970, S. 30). Wenn also eine solche formale Ähnlichkeit zwischen den beiden Kontrastsprachen vorhanden ist, führt uns dieser Gedanke dazu, eine dahingehende Aussage zu machen, dass eine ähnliche Form für die bedeutungsrelevante Funktion in der Zielsprache angenommen werden kann.

Zum Schluss sollen hier noch die wesentlichen Ergebnisse aus der empirischen Forschung von Ekaterina Protassova angeführt werden. Charakteristisch für den Sprachgebrauch der russischsprachigen Migranten in Deutschland ist einerseits die Tendenz zu Vereinfachung ihrer Erstsprache und zum Einsparen sprachlicher Mittel, was zur Bewertungsunsicherheit in Bezug auf das Russische führt (Protassova 2007, S. 327f.). Andererseits „liegen Mischungen und Wechselwirkungen zwischen Russisch und Deutsch auf allen Ebenen vor: Beide Sprachen treten als 'source language' und 'recipient language' auf" (ebd., S. 327).

2.5 Klassifikation von Verben gerichteter Bewegung

Von besonderer Bedeutung für die vorliegende empirische Untersuchung ist die Kategorie der Bewegungsverben, mithilfe derer eine gerichtete Bewegung kodiert wird. Eichinger verwendet für die Bezeichnung solcher Verben den Begriff der „Verben der aktiven Fortbewegung des Subjekts" (Eichinger 1989, S. 23). Zu den für die empirische Analyse relevanten Verben gerichteter Bewegung gehören jedoch nicht die „Verben der äußeren Zustandsveränderung" oder die „Verben des Beförderns bzw. Transportierens" (ebd., S. 23).

> Bewegungsverben vermitteln nun Inhalte, die der primären Funktion der Wortart Verb entsprechen, bei denen kookkurrent räumlich-sichtbare und zeitliche Modifikation obligatorisch sind. Diese herausgehobene Stellung der Bewegungsverben im Verbsystem führt dazu, daß sie für die Beschreibung der sprachlichen Integration räumlicher Verhältnisse als grundlegend gelten können. Formal entspricht diesen wortkategorialen Besonderheiten, dass die Relation der räumlichen Situierung zum Argumentinventar dieser Prädikate gehört (ebd., S. 24).

In diesem Zitat wird demzufolge angedeutet, dass zu den Bewegungsverben ebenso die eng damit verbundenen Verbpartikeln gehören, die zusammen mit dem Verb sog. Partikelverben bilden und die die Argumentstruktur des Verbs sättigen. Von Bedeutung für die vorliegende Untersuchung ist v. a. das System der lokalen Partikeln, das im Deutschen in drei Typen aufgeteilt wird: Die erste Gruppe bilden die reinen *Deiktika*, die sich lediglich aus ihrem Bezug auf die jeweilige Position des Sprechers verstehen lassen (hier-, da-, dort-, der-, hin-), die zweite sind die rein *referentiellen Partikeln*, die sich auf Raumdimensionen (auf-, ab-, vor-, hinter- usw.) oder topologische Relationen, die durch jeweils unterschiedliche Merkmale bestimmt sind (aus-, ein-, über-, durch- usw.) beziehen, und letztlich die dritte, die Partikeln umfasst, die sich zumindest von der formalen Konstruktion her als eine Kombination der ersten beiden Partikelgruppen darstellen (heraus-, hinaus- usw.) (Ebd., S. 68).

> Sofern diese Partikeln in der einen oder anderen Weise selbständig auftreten, tun sie das in der Regel als adverbiale Konstruktionen oder als Elemente von adverbialen Konstruktionen; inhaltlich drücken sie Merkmalbedeutungen aus, die primär dazu dienen, bestimmte Handlungen und Vorgänge zu modifizieren. Vor allem bei der direktionalen Modifikation, die nach allgemeiner Ansicht am engsten an das Verb gebunden ist, besteht schon von daher ständig die Tendenz zur Verfestigung der Einheit Partikel + Verb, durch deren Eintreten das Ergebnis zum Gegenstand der Wortbildungslehre wird (ebd., S. 68).

Weiter wird bei Eichinger folgende Tabelle der direktionalen Verbpartikeln präsentiert:

EINFACH-PARTIKELN	HER	HIN	NEUTRAL	FLÄCHEN KONTAKT	GENERELLE RICHTUNG
auf-	herauf-	hinauf-	rauf-	drauf-	aufwärts-
ab-	herab-	hinab-	–	–	abwärts-
unter-	herunter-	hinunter-	runter-	darunter-	–
vor-	hervor-	–	–	–	vorwärts-
hinter-	–	–	–	–	rückwärts-
zurück-					
aus-	heraus-	hinaus-	raus-		
ein-	herein-	hinein-	rein-		

Tabelle 5: Direktionale Partikeln (ebd., S. 79).

Bei Schmiedtová/Sahonenko (2008) findet sich folgende Tabelle, die eine Übersicht der Verbpartikeln im Deutschen sowie die entsprechenden Verbalpräfixe im Tschechischen und im Russischen darstellt, die eine gerichtete Bewegung am Verb präzisieren:

BEWEGUNG	TSCHECHISCH	RUSSISCH	DEUTSCH
j-d verlässt einen Ort	od-	у-	weg-, fort-
Bewegung von irgendwoher zu einem Objekt hin	při-	под-, при-	heran-, herbei-, hinzu-
j-d geht in ein Gebiet hinein und wieder hinaus	pro-	про-	durch-, hindurch-
Bewegung nach oben	v-, na-	в-, на-	herauf-
Bewegung von unten nach oben (in die Höhe)	vz-	вз-	empor-
Bewegung nach draußen	vy-	вы-	heraus-, hinaus-
Bewegung nach drinnen	v-	в-	herein-, hinein-
Bewegung nach unten	s-	с-	herab-, herunter-, hinunter-, hinab-
Bewegung, bei der etwas sichtbar wird bzw. nach vorn kommt	vy-	вы-	hervor-

Tabelle 6: Präfixe (Schmiedtová/Sahonenko 2008, S. 51).

In der vorliegenden empirischen Datenanalyse wird hauptsächlich auf die Verbpartikeln im Deutschen Bezug genommen, die in den beiden oben dargestellten Tabellen aufgeführt sind.

Nun sollen die fünf Kategorien aufgelistet werden, die für die vorliegende empirische Untersuchung relevant sind. Folgende morphologische und lexikalische Mittel zum Ausdruck der gerichteten Bewegung konnten in den Lernertexten und in den Texten aus dem Vergleichsmaterial festgestellt werden:

1. Verb
2. Verb + PP (direktionale Präpositionalphrase)
3. Verb + Verbpartikel
4. Verb + Verbpartikel + PP
5. „kommen" + Partizip II

Die letzte Kombination ist hauptsächlich in den Texten zu finden, die von Deutsch-Muttersprachlern stammen. In den Lernertexten wurde sie nur einmal verwendet und das von einer Person mit frühem Einreisealter (mit etwa neun Jahren), bei der das Deutsche mittlerweile zur dominanten Sprache geworden ist.

3 Methode

3.1 Korpuszusammenstellung

Die empirische Datenanalyse erfolgt auf der Grundlage der Bildergeschichte „Frog, where are you?" von Mercer Mayer. Die für die Untersuchung ausgewählte ereignisreiche Bildergeschichte bietet sich sehr gut an, um die verschiedenen morphologischen und lexikalischen Mittel zum Ausdruck der gerichteten Bewegung in der L2 zu untersuchen. Die Probanden wurden gebeten, diese Geschichte in Form eines mündlichen Textes zu produzieren, welcher mit einem Audiogerät aufgenommen wurde. Dabei hatten die Testpersonen ausreichend Freiraum und Zeit, um sich auf das Beschreiben des in den Bildern Dargestellten vorzubereiten und die Geschichte anschließend zu erzählen. Zu den Aufnahmemodalitäten ist zu sagen, dass obwohl alle Aufnahmen in ruhiger häuslicher Umgebung stattfanden, die Probanden diese Situation auf eine ganz unterschiedliche Art und Weise empfanden, was folglich Auswirkung auf die Form, Länge oder Qualität der Texte hatte. Einige Teilnehmer fühlten sich überfordert und waren sich nicht immer sicher, was sie sagen sollten. Sie hatten demzufolge Angst, etwas falsch auszudrücken, obwohl die Aufgabenstellung gerade das freie Erzählen der Bildergeschichte vorgab. Dieses einer Prüfungssituation ähnliche Verhalten könnte u. a. durch die für die Sprecher eher ungewöhnliche Aufnahmesituation mit dem Audiogerät erklärt werden oder durch die Präsenz einer weiteren Person im Raum, in diesem Fall des Interviewers, die möglicherweise als eine Prüferperson wahrgenommen wurde. Diese Beobachtung gab den Anstoß zur Überlegung, dass beim freien Sprechen sehr viele weitere Faktoren im Spiel sind. Besonders wenn es sich um eine Zweitsprache handelt, verspüren die Probanden plötzlich Unsicherheit in dieser Situation, und zweifeln, ob sie kompetent genug sind, um die gestellte Aufgabe zu erfüllen. Dieses Verhalten wurde vor allem bei der Sprecherin MAG und dem Sprecher ABO beobachtet, obwohl die gesamte Probandengruppe als in ihrer L2 (sehr) fortgeschritten eingestuft werden kann.

Im nächsten Schritt wurden alle aufgenommenen Audiotexte zu einem späteren Zeitpunkt nach HIAT (Halbinterpretative Arbeitstranskription, in Rehbein et al. 2004) transkribiert, die zuvor noch etwas vereinfacht wurde, und bilden somit den Materialkorpus für die empirische Textanalyse. Die Auswahl der HIAT ist dadurch begründet, dass sie verhältnismäßig einfach, aber gleichzeitig umfangreich genug ist, um einen mündlich erzählten Text zu verschriftlichen. Das Transkribieren nach GAT (Gesprächsanalytische Transkriptionskonventionen) wäre für dieses empirische Vorhaben nicht relevant, da es sich um kein Gespräch im eigentlichen Sinne handelt und die vielen für diese Transkriptionskonventionen relevanten Markierungen keinen Gebrauch in der Verschriftlichung gefunden hätten.

Beim Transkribieren der mündlichen Texte war es zunächst sehr wichtig, die Grenzen der Äußerungen genau zu markieren und sie dahingehend zu kennzeichnen, ob es Äußerungen mit deklarativem, interrogativem oder exklamativem Modus sind. Es wurde keine Partiturschreibung verwendet, sondern bei Sprecherwechsel (von Proband zu Interviewer und umgekehrt) sowie bei einer neuen Äußerung des Sprechers jeweils eine neue Zeile angesetzt. Die Segmentierung des mündlichen Textes in einzelne Äußerungseinheiten spielte eine besondere Rolle und war nicht immer eindeutig durchzuführen. Dabei wurde eine Mischung zwischen der intonatorischen und der syntaktischen Segmentierung vorgenommen, bei dem größtenteils intuitiv vorgegangen wurde. Die Binnenstruktur der Äußerungen wurde ebenfalls markiert, d. h. Pausenzeichen, kurzes Stocken, Dehnungen, Reparaturen, Stottern, Planungsindikatoren, wie *„ähm"* o. Ä. sind in den transkribierten Texten ebenfalls zu finden. Zusätzliche Bemerkungen (etwa wenn gedehnt, sehr langsam, mit verstellter Stimme gesprochen, bestimmte Silben betont, oder dabei gelacht bzw. gelächelt wurde) wurden in eckigen Klammern und kursiv hinter das jeweilige Wort bzw. die jeweilige Zeile gesetzt. Jedes Transkript besitzt einen „Kopf", in dem Ort, Zeit und Dauer des Gesprächs angegeben und die Kürzel für die Sprecher aufgelöst wurden. Jeder Sprecher hat ein anonymisierendes Kürzel, das aus drei Graphemen in Blockbuchstaben besteht. Dafür wurden entweder die ersten drei Grapheme des Vornamens oder die ersten beiden Grapheme des Vornamens und das erste des Nachnamens genommen. Der Interviewer bekam das Kürzel „INT".

Um Verallgemeinerungen der Ergebnisse der empirischen Datenanalyse zu gewährleisten, wurden insgesamt zehn Texte von russischsprachigen erwachsenen Deutschlernern erhoben. Als Vergleichsmaterial dienen zehn Transkripte deutscher Muttersprachler aus dem online abrufbaren CHILDES-Korpus, die die

Beschreibung der gleichen Bildergeschichte beinhalten. Das Alter der Probanden variiert zwischen 24 und 33 Jahren. Alle Transkripte aus dem CHILDES-Korpus stammen von 20-jährigen Personen und können somit der Kategorie der Erwachsenen zugeordnet werden. Alle Probanden aus der vorliegenden empirischen Untersuchung halten sich bereits seit mehr als zehn Jahren in Deutschland auf und können als (sehr) fortgeschrittene Deutschsprecher eingestuft werden. Dabei unterscheidet sich das Alter bei der Einreise nach Deutschland: Zwei Personen sind im Alter von 9 und 10 Jahren (ABO und NAT), fünf Personen im Alter von ca. 16 Jahren (ALB, AND, JUL, DIK, KRI) eine Person im Alter von 19 (LEN) und zwei Personen im Alter von 21 (KON) und 22 (MAG) Jahren eingereist. In diesem Zusammenhang kann die Frage gestellt werden, ob und wiefern sich die Ausdrucksweisen der gerichteten Bewegung je nach Einreisealter unterscheiden. In anderen Worten: Wie groß ist der Einfluss der Muttersprache je nach Einreisealter, als der unmittelbare Kontakt mit der deutschen Umgebungssprache begonnen hat? Spielt die Art des Zweitspracherwerbs (gesteuert vs. ungesteuert) im Zusammenhang mit dem Einreisealter eine Rolle? Kann davon ausgegangen werden, dass bei frühem Einreisealter und infolgedessen eher natürlichem Zweitspracherwerb die verbalen Strukturen der Deutsch-Muttersprachler präferiert werden? Dabei ist jedoch zu bedenken, dass weitere Texte von Personen mit frühem Einreisealter benötigt würden, um die Verallgemeinerbarkeit der Ergebnisse in diesem Zusammenhang zu gewährleisten.

Darüber hinaus sollte für künftige Untersuchung in diesem Bereich allgemein auf einen größeren Probandenumfang geachtet werden: Es sollten möglichst viele Sprecher sowohl des Deutschen als auch des Russischen als Erstsprache gewonnen werden, deren sprachlicher Hintergrund für eine solche Datenanalyse von großer Bedeutung ist, um schließlich zu einem aussagekräftigen Ergebnis gelangen zu können. Nichtsdestotrotz bietet das hier untersuchte relativ breite Spektrum der Probandengruppe im Folgenden einen guten Diskussionshintergrund für die im Rahmen des vorliegenden Manuskriptes interessierenden Fragestellungen.

3.2 Die Vorgehensweise der Analyse

Bei der quantitativen empirischen Datenanalyse der mündlichen Texte wurde folgendermaßen vorgegangen: Zunächst wurden die Stellen in den transkribierten Texten markiert, bei denen es sich um eine Enkodierung der gerichteten Bewegung handelt, was in vielen Fällen, insbesondere bei den mündlichen Geschichten deutscher Muttersprachler, ausgesprochen schwierig war. Zu den Einzelheiten der Auswahlkriterien der untersuchungsrelevanten Strukturen im gesamten Analysekorpus wird im Folgenden ausführlich berichtet.

Den zweiten wesentlichen Schritt bildete eine quantitative Untersuchung des Gebrauchs der Ausdrucksweisen der gerichteten Bewegung in den Lernertexten im Vergleich zu den Texten aus dem CHILDES-Korpus. Dabei wird die gesamte Anzahl aller markierten Strukturen mit Bewegungsverben in dem jeweiligen Korpus als hundertprozentige Angabe gezählt. Die Anzahl der jeweiligen markierten Untersuchungskategorien wird dementsprechend im Verhältnis zur Gesamtanzahl aller gebrauchten Ausdrucksweisen der gerichteten Bewegung in dem jeweiligen Korpus prozentual berechnet. Die prozentualen Angaben aus dem Lernerkorpus werden dann den prozentualen Angaben aus dem Online-Korpus gegenübergestellt und anschließend quantitativ verglichen.

Des Weiteren wurden einige verwendete Bewegungsverben in Bezug auf die Semantik der Gerichtetheit untersucht. Dabei wurden die Basisverben, die also keine Semantik der Gerichtetheit in sich tragen, wie *„kommen"*, *„gehen"* und *„laufen"* und die Bewegungsverben mit einer Semantik der nach unten bzw. nach oben gerichteten Bewegung, wie bspw. *„fallen"* und *„klettern"* in den beiden Korpora vergleichend analysiert. Für die Auswahl der Bewegungsverben wurde der folgende Faktor berücksichtigt: Die Analyse wurde lediglich auf die in den Texten des Probandenkorpus zu findenden Verben beschränkt. Diese Auswahl wird dadurch begründet, dass die Wahrscheinlichkeit des Auftretens solcher Bewegungsverben in den beiden Korpora verhältnismäßig hoch ist, da diese Verben zum Grundwortschatz des Deutschen gehören. Angesichts der viel größeren Differenziertheit bei der Auswahl von bestimmten verbalen Mustern der Ereigniskodierung im gesamten Vergleichsmaterial konnte somit nicht das gesamte Spektrum von solchen Verben in diesem Zusammenhang analysiert werden.

Darüber hinaus wurden alle markierten Strukturen mit Verben gerichteter Bewegung in beiden Korpora hinsichtlich ihrer verwendeten Tempusformen vergleichsweise quantitativ analysiert. Dadurch sollte die Frage nach der typischen Erzählform bzw. des Erzählmodus für eine Bildergeschichte in den beiden untersuchten Korpora geklärt werden.

Zum Schluss sollen die Auswahlkriterien, die im Laufe der Datenanalyse eine große Rolle gespielt haben, erläutert werden. Bei der Markierung der untersuchungsrelevanten Strukturen wurde in den Texten des gesamten Untersuchungskorpus eine große Bandbreite der unterschiedlichsten sprachlichen Mittel zu Kodierung der Bewegung überhaupt und der gerichteten Bewegung im Raum insbesondere angetroffen, sodass nicht immer zweifelsfrei entschieden werden konnte, ob sich die betroffenen Stellen in die für die vorliegende Untersuchung relevanten Kategorien einordnen ließen.

So sind beispielsweise in den Texten aus dem CHILDES-Korpus mehrmals Verben mit dem Reflexivpronomen „*sich*" anzutreffen, die als einfache Bewegungsverben in die Untersuchung mit aufgenommen wurden:

CHI_20c: und **entfernen sich** immer weiter von dem Haus.

CHI_20e: während der Hund **sich** nun ganz leise **verkriecht**.

CHI_20e: **bewegt sich** hinter dem Felsen plötzlich ein Hirsch.

Auch die Strukturen mit dem Verb „*kommen*" plus Partizip II treten relativ häufig in diesem Korpus auf, sie wurden, wie oben bereits erwähnt, aufgrund ihrer Besonderheit als eine extra Gruppe aufgeführt:

CHI_20k: denn die Eule **kommt** hinter ihm her **geflogen**.

CHI_20e: die nun aus dem Baum **herausgeflogen kommt**.

CHI_20b: und dieser Frosch **kommt** auf den Jungen **zugesprungen**.

Allerdings bereiteten bei der genauen Erforschung auch die Lernertexte Schwierigkeiten der besonderen Art. Zur kurzen Veranschaulichung solcher Fälle sollen im Folgenden einige Beispiele genannt werden. Im Laufe der Textanalyse wurde festgestellt, dass die russischsprachigen Probanden, auch wenn sie alle als fortgeschrittene Sprecher in ihrer L2 Deutsch eingestuft wurden, häufig dazu tendieren, Bezeichnungen für grundlegende Fortbewegungstypen wie „*kommen*" und „*gehen*" zu verwenden, die dem Sprecher möglicherweise als erstes einfallen, um eine Bewegung überhaupt zu versprachlichen. Dann wird zu Ergänzung der Richtung sehr oft eine entsprechende Verbpartikel hinzugefügt oder ggf. auch eine direktionale Präpositionalphrase:

KRI:	46	..h Dann **kam**(.)aus einem Erdloch ein Murmeltier **raus**(..)-
KRI:	50	und die Bienen **sind rausgekommen**.(.)
ALB:	44	Irgendwann **kommt** ein Erdmännchen **raus**(.)
ABO:	57	.h und äh **gingen**(.)auch **in den Wald hinein**,(.)

Als nächste Beispiele für die Ereigniskodierung dienen ebenfalls häufig auftretende pleonastische Strukturen mit dem Verb „*sein*" und einer direktionalen PP oder Verbpartikel:

KON:	08	und der Frosch **war weg**.(1s)
MAG:	50	Und **plötzlich**[betont] **ist er auf dem Kopf von einem Hirsch**.(2s)
KRI:	49	...h(..)Und irgendwann(.)**war** der Bienenstock auch **unten**
AND:	57	..h Die Bienen **waren** währenddessen **hinter dem Hund her**,

Des Weiteren war es sehr wichtig herauszufinden, ob es sich bei der neben dem Bewegungsverb stehenden Präpositionalphrase um eine direktionale Phrase handelte, die entweder einen Ausgangsort, einen Weg oder einen Zielort markiert. Als Beispiele dafür werden folgende Stellen angeführt:

KON:	33	/…h alle Bienen fliegen **hinter dem Hund**.(.)
NAT:	151	Genau, und dann klettern sie **über den Baumstamm**
DIK:	62	Der(.)Kleine(.)…h näherte sich **einem(.)altem großem Baum**,
ABO:	70	und stürzte **den Baum** herunter.(1s)

Die weiteren Beispiele dienen der Veranschaulichung interessanter und aus der Reihe der gewöhnlichen Muster der Versprachlichung einer gerichteten Bewegung herausfallender Strukturen, auf die es im folgenden Kapitel der exemplarischen Darstellung der Ergebnisse näher eingegangen wird:

KON:	05	**hat sich** heimlich aus der(1.5s)Flasche **raus** äh(1s)**geschmuggelt**
ABO:	71	Der_der_der Hund(.)**wurde** weiterhin von den Bienen .h(.)**gejagt**.
ABO:	85 86	und(..)dabei stürzte der Junge(.)in den Fluss(..) und der Hund **hinter ihm**(.)**her**.(15s)

Es soll an dieser Stelle noch erwähnt werden, dass alle aufgenommenen und verschriftlichten mündlichen Texte der russischsprachigen Probanden durch eine unterschiedliche Länge, Dichte, Komplexitätsgrad, Erzählmodus und einen hohen Individualitätsgrad gekennzeichnet sind. So ist beispielsweise der Text von Probandin JUL stark durch direkte Rede gefärbt: Die Person versetzt sich in die Rolle des Vorlesers hinein und der Text kann folglich als eine Hörgeschichte bezeichnet werden. Dieses Charakteristikum geht eng mit der ereignisarmen Bilderbeschreibung einher, von daher liefert der Text verhältnismäßig wenig untersuchungsrelevante Beispiele. Als besonders ereignisintensiv können die Texte der beiden jüngsten Probanden ABO und NAT eingestuft werden: Diese Texte liefern jeweils die höchste Anzahl an analyserelevanten Types und Tokens im gesamten Probandenkorpus.

4 Datenanalyse
4.1 Sprachlicher Hintergrund der Probanden

Bei den russischsprachigen Migranten in der Bundesrepublik Deutschland handelt es sich um eine quantitativ bedeutende Sprechergemeinschaft, die jedoch keinesfalls homogen ist. Die russischsprachige Diaspora teilt sich in drei große Gruppen auf: Die erste Gruppe bilden die russlanddeutschen (Spät-)Aussiedler. Dabei handelt es sich um Menschen mit deutschen Vorfahren, die in ehemaligen deutschen Siedlungsgebieten in der Sowjetunion aufgewachsen sind und nach Art. 116 Abs. 1 GG einen Anspruch auf Einbürgerung und den Status eines „Vertriebenen" haben (BAMF 2005, S. 42). Die wichtigsten Herkunftsländer sind die Russische Föderation (v. a. Sibirien und das Wolga-Gebiet), Kasachstan, die Ukraine und Kirgisistan. Insgesamt sind zwischen 1990 und 2005 2.079.033 Menschen als Spätaussiedler aus der Sowjetunion bzw. aus ihren Nachfolgestaaten in die BRD eingewandert (ebd., S. 44). Hinzu kommen nochmals 255.301 Spätaussiedler, die aus den gleichen Gebieten bereits zwischen 1950 und 1989 nach Deutschland eingewandert waren, womit sich eine Gesamtzahl von 2.334.334 Menschen ergibt (Brehmer 2007, S. 166). Der generationsbedingte Spracherwerb der Russlanddeutschen wird durch die politischen Rahmenbedingungen im Herkunftsland charakterisiert. Die Urgroßeltern mussten in ihrer Kindheit darunter leiden, dass Deutschland und Russland im Ersten Weltkrieg Kriegsgegner waren. Nach der Oktoberrevolution änderte sich jedoch die sowjetische Nationalitätenpolitik zugunsten der Russlanddeutschen, sodass ihr Schulunterricht auf Deutsch stattfand. In den 1930er Jahren fand erneut ein radikaler Politikwandel statt, der durch den deutschen Überfall auf die Sowjetunion 1941 noch beschleunigt wurde. Die Muttersprache der Großelterngeneration wurde zur Sprache der feindlichen Faschisten erklärt. Sie wurde deshalb von den Russlanddeutschen quasi als tabu empfunden und blieb es bis lange in die Nachkriegszeit hinein. Die jüngere Generation erlebte zwar keine ethnischen Konflikte mehr, Deutsch wurde für sie jedoch nicht mehr zur Unterrichtssprache, sondern höchstens zur Fremdsprache in der Schule (vgl. Meng 2001, S. 19). Die Kinder der (Spät-)Aussiedler verfügten bei der Übersiedlung nach Deutschland über keinerlei Deutschkenntnisse und mussten die Sprache neu lernen. Dieser Zweitspracherwerb erfolgte nach dem Prinzip der Submersion, was ihnen und ihren Eltern mentale, soziale und emotionale Schwierigkeiten bereitete. Bei den jungen Eltern war die Diskrepanz zwischen den verfügbaren Deutschfähigkeiten und den sprachlichen Anforderungen in Deutschland sehr groß. Das Deutsche wurde zwar in dieser Generationsstufe oft als Erstsprache erworben, kennzeichnete sich jedoch letztendlich durch eine residuale Form, die durch geringen rezeptiven Input des russlanddeutschen Dialektes seitens der Urgroßeltern und durch starken Einfluss des Russischen charakterisiert war (ebd., S. 462f.).

Die zweite Gruppe der russischsprachigen Migranten in Deutschland wird durch jüdische Zuwanderer aus der ehemaligen Sowjetunion präsentiert. Angehörige der jüdischen Nationalität[5] konnten bereits seit 1968 offiziell aus der Sowjetunion nach Israel ausreisen, wobei sich viele nicht in Israel, sondern in den USA und Westeuropa niederließen (Pfandl 1994 zit. nach Brehmer 2007, S. 166). Als 1991 das sog. „Kontingentflüchtlingsgesetz" in Kraft getreten ist, konnten von 1993 bis 2005 auf diesem Weg insgesamt 197.110 Menschen jüdischer Nationalität nach Deutschland immigrieren (BAMF 2005, S. 49). Weitere 8.535 Personen, die bereits bis 1992 eingewandert sind, müssen noch zusätzlich dazugerechnet werden. Es ergibt sich also eine Gesamtzahl von 205.645 jüdischen Zuwanderern.

Die letzte Gruppe russischsprachiger Sprecher, die sehr heterogen und daher schwer zu erfassen ist, stellen Migranten dar, die aus den Nachfolgestaaten der ehemaligen Sowjetunion stammen und jetzt in Deutschland leben, jedoch keinen deutschen Pass besitzen, wie beispielsweise Au-Pairs, Studierende, Arbeitsmigranten, Wissenschaftler, Ehepartner aus binationalen Ehen etc. (vgl. Brehmer 2007, S. 167). Nach den Daten des Ausländerzentralregisters waren in der BRD von 1991 bis 2004 insgesamt 178.616 Menschen mit russischer Staatsangehörigkeit offiziell registriert (vgl. BAMF 2005, S. 120). Da das Russische jedoch eine dominierende Rolle für alle Völker in der UdSSR spielte, sollte man als potenzielle Russischsprecher auch die Angehörigen anderer ehemaligen Sowjetrepubliken in diese Statistik mit einbeziehen. So waren in Deutschland Ende 2004 128.110 Menschen mit ukrainischer und 58.645 Menschen mit kasachischer Staatsbürgerschaft registriert (ebd., S. 121).

---

[5] In der Sowjetunion wurde das Judentum im sog. „fünften Punkt" des Personaldokuments als Nationalität ausgewiesen (vgl. Pfandl 2000, S. 14).

Auch wenn die oben aufgeführten Gruppen ethnisch und sozial sehr heterogen erscheinen, ist es dennoch sinnvoll, sie alle als Russischsprecher zu bezeichnen, da „das Russische einen wichtigen Bestandteil dieser gemeinsamen kulturellen Erfahrungen bildet und für die meisten Individuen den Rang der dominanten Sprache einnimmt" (Brehmer 2007, S. 167).

Diese Klassifikation der russischsprachigen Diaspora in Deutschland ist insofern von Bedeutung für die vorliegende Untersuchung, als sieben Probanden der Gruppe der Spätaussiedler und drei davon der Gruppe der jüdischen Zuwanderer angehören. Des Weiteren kennzeichnet sich der Sprachgebrauch aller Untersuchungsteilnehmer dadurch, dass sie sich zum gegenwärtigen Zeitpunkt seit mehr als zehn Jahren in Deutschland aufhalten und hier ein Hochschulstudium bzw. eine Berufsausbildung (Probanden MAG und KON) absolviert haben. Wie bereits in der Einführung erwähnt wurde, verwenden alle Probanden überwiegend das Deutsche im formell-öffentlichen Bereich und das Russische sowohl im informell-öffentlichen als auch im intim-öffentlichen Bereich. Darüber hinaus fand der Deutscherwerb bei allen Teilnehmern überwiegend ungesteuert statt, wobei die Rolle des gesteuerten Zweitspracherwerbs in Form des Deutschunterrichts in der Schul- bzw. Ausbildungszeit ebenfalls beachtet werden muss.

Nachfolgend soll zusätzlich der differenzierte Sprachgebrauch bei den einzelnen Untersuchungsteilnehmern präsentiert werden, der für die folgende Datenanalyse von Bedeutung ist. Die größte Gruppe der Probanden bilden die Sprecher mit einem Einreisealter von 16 bis 19 Jahren. Charakteristisch für diesen Teil der Probandengruppe ist, dass diese Sprecher relativ starken russischsprachigen Kontakt in ihrer Privatsphäre erleben, entweder durch Familienangehörige oder den Freundeskreis. Der Erwerb der Zweitsprache Deutsch erfolgte nichtsdestotrotz sehr intensiv im Rahmen der Schulausbildung bei Probanden KRI, ALB, AND und JUL oder speziellen Sprachkurse bei LEN (19) und DIK (17). Bei den Sprechern ALB, JUL und KRI handelt es sich eher um einen natürlichen, nicht gesteuerten Zweitspracherwerb, da diese Personen ihre L2 Deutsch überwiegend durch die Kommunikation mit Deutsch-Muttersprachlern erwarben. Die Probanden AND, LEN und DIK hingegen haben ihre L2 Deutsch eher gesteuert, bspw. durch den Einsatz der Schulmaterialien erlernt; für sie nahm die Kommunikation mit ihren deutschsprachigen Kommilitonen v. a. zu Beginn des Zweitspracherwerbs eher eine zweitrangige Position ein. An dieser Stelle soll erneut betont werden, dass es sich hierbei um die Anfangsphase des Zweitspracherwerbs handelt und nicht etwa um den gesamten zeitlichen Rahmen des Deutscherwerbs.

Die jüngsten Untersuchungsteilnehmer sind die Sprecher ABO und NAT, die in einem Alter von 9,5 und 10,5 Jahren nach Deutschland gekommen sind. Interessanterweise unterscheiden sich diese Probanden dadurch voneinander, dass die beiden von ihnen beherrschten Sprachen – Russisch und Deutsch – einen ganz unterschiedlichen Stellenwert in ihrem Leben einnehmen. Bei dem Probanden ABO handelt es sich bei der in der Familie gesprochenen Sprache um das Russische. Dabei wird die Erstsprache auf einem sehr hohen Niveau beherrscht, da die sprachliche Verwendung auch in schriftlicher Dimension gepflegt wird. Die L2 Deutsch wird zwar genauso auf einem sehr hohen Niveau beherrscht, im Mündlichen fällt der Proband jedoch durch einen leichten Akzent als Nicht-Deutsch-Muttersprachler auf. Bei der Probandin NAT hingegen wird eine komplett andere sprachliche Verwendung beobachtet: Das Russische bleibt zwar als Familiensprache für ihre Angehörigen (die Eltern und ein sechs Jahre älterer Bruder) im Familienalltag immer noch stark präsent, wird von der Probandin aber eher rezeptiv beherrscht und das auf einem inzwischen relativ vereinfachten Niveau. Die russische Schriftsprache wurde seit der Ankunft in Deutschland nicht gepflegt, stattdessen fand eine verstärkte Konzentration auf die L2 Deutsch statt, da diese ja vor allem in der Schule ein wichtiger Leistungsfaktor ist. Auch zum Freundeskreis der Probandin gehören eher deutschsprachige Personen. Alles in allem führte dies letztendlich dazu, dass sie sich in ihrer Aussprache im Deutschen von den anderen Sprechern des Deutschen als Erstsprache nicht unterscheidet, dafür bildete sich ein deutscher Akzent in ihrer Erstsprache Russisch heraus. In diesem Fall kann folglich von einer Dominanz der Zweitsprache Deutsch gegenüber dem Russischen gesprochen werden, d. h. die L1 Russisch wird unter den Bedingungen einer L2-Dominanz sehr stark beeinflusst.

Die beiden ältesten Probanden sind im Rahmen der Einbürgerung der Spätaussiedler in einem relativ hohen Alter nach Deutschland eingereist: der Proband KON mit 21 Jahren und die Probandin MAG mit 23 Jahren. Der sprachliche Hintergrund ähnelt sich bei ihnen sehr stark: Aufgrund der späten und nicht intensiven Anfangsphase des Zweitspracherwerbs, die lediglich durch die Absolvierung diverser Sprachkurse und die anschließende Berufsausbildung gekennzeichnet ist, blieb das Russische als Familiensprache bis heute sehr präsent, wobei die L2 Deutsch als Umgebungssprache eine bedeutende Position im Leben der beiden Personen einnimmt. In diesem Zusammenhang ist es interessant zu beobachten, inwiefern sich die Texte der beiden letztgenannten Probandengruppen voneinander unterscheiden. Die Auswertung und Diskussion diesbezüglich findet in den nachfolgenden Kapiteln statt.

4.2 Exemplarische Darstellung der Ergebnisse

In diesem Kapitel sollen die gewonnenen Analyseergebnisse exemplarisch präsentiert werden, wobei die Gruppierung der Untersuchungskategorien bei der oben angeführten Klassifikation bleibt. Alle Beispiele werden der Reihe nach abwechselnd aus den beiden Korpora dargestellt, wobei gleichzeitig ein analytischer Vergleich einzelner Fälle stattfindet. Des Weiteren wird eine exemplarische Darstellung und Diskussion der auffallenden und umstrittenen Kodierungsmuster der gerichteten Bewegung aus dem gesamten Untersuchungskorpus vorgenommen.

Die Ergebnisse der vorliegenden quantitativen Datenanalyse können folgender Tabelle entnommen werden:

L1 Ru	Strukturen insgesamt 143	L1 De	Strukturen insgesamt 218
V	26	V	45
V+PP	56	V+PP	74
V+Vpart	30	V+Vpart	47
V+Vpart+PP	30	V+Vpart+PP	46
„kommen"+ Partizip II	1	„kommen"+ Partizip II	6

Tabelle 7: Endergebnisse der quantitativen Datenanalyse.

Wie aus der oben angeführten Tabelle ersichtlich ist, wurde die größte Gesamtanzahl der für die vorliegende Datenanalyse relevanten Strukturen in den Texten von Sprechern mit L1 Deutsch festgestellt: insgesamt 218 Strukturen. Die Daten von russischsprachigen Probanden bringen insgesamt 143 Stellen mit den Verben gerichteter Bewegung hervor.

Die erste untersuchte Kategorie beinhaltet die Strukturen mit dem allein stehenden Bewegungsverb „V", die es in den Probandentexten insgesamt 26 gibt. Hierbei sind bei den Probanden die folgenden Muster zu beobachten:

AND: 74   Der Hund **ist** daneben/(.)
           75   /.h daneben immer(.)gebellt und **gelaufen**

MAG: 35   Da **kam** plötzlich eine Eule.

KRI: 56   ..h Und die Bienen **haben** den Hund **verfolgt**.

Bei dem folgenden Beispielsatz ist anzumerken, dass die Verbpartikel „weiter-" nicht zum Bestandteil der hier untersuchten Verbpartikeln gehört, da sie keine Richtungsangabe enthält, sondern lediglich die Semantik der Fortdauer, die eine Bewegung in diesem Fall kennzeichnet.

KON: 42   Der Hirsch **rennt**(.)weiter.[betont](...)

Am nächsten Satz ist die Art der verwendeten PP „vor dem Hirsch" sehr interessant: Es handelt sich hierbei jedoch nicht um eine direktionale PP, denn sie beschreibt weder den Ursprung noch das Ziel einer Bewegung, sondern den Weg, auf welchem die Bewegung stattfindet:

ALB: 64   Der Hund versucht, den Hirsch aufzuhalten,
           65   indem er(..)vor dem Hirn/ Hirsch **läuft**(..)und bellt.

Zum Vergleich folgen nun die gleichen im Online-Korpus gefundenen Strukturen, die es insgesamt 45 Mal gibt:

CHI_20b: und gleichzeitig **jagen** die empörten Bienen dem Hund hinterher.

CHI_20d: inzwischen ist der Bienenschwarm wütend geworden. und **verfolgt** den Dackel.

CHI_20e: sieht man beide nun durch den Wald **stiefeln**.

Bei der letzten Struktur handelt es sich um eine nicht direktionale, sondern eine den Weg bezeichnete PP *„durch den Wald"*, von daher wird hier nur das Verb allein gezählt. Außerdem ist bereits aus den angeführten Beispielen der Deutsch-Muttersprachler ersichtlich, dass allgemein ein breiteres semantisches Spektrum an Bewegungsverben die Anwendung findet.

Die zweite Gruppe bilden Konstruktionen der Kategorie **„Verb plus direktionale PP"**. Quantitativ gehört diese untersuchte Kategorie übrigens zu der am zahlreichsten vertretenen in den beiden Korpora. Im gesamten Probandenkorpus treten 56 solcher Muster auf. Exemplarisch sollen hier folgende Stellen aus den Texten russischsprachiger Untersuchungsteilnehmer präsentiert werden:

DIK: 29 seinen Kopf in den Glas eingesteckt hatte und **aus dem Fenster gesprungen war.**

LEN: 18 Dann **sind** sie beide ..h äh **in den Wald** äh hh äh **gegangen**

ALB: 14 Der Frosch(.)in der Zeit(..)**aus dem Glas**(...) **entwischt.**

Im Online-Korpus treten in dieser Kategorie insgesamt 74 Strukturen auf. Aus der Fülle der üblichen muttersprachlichen Muster sind folgende Beispiele anzuführen:

CHI_20e: dass er **aus dem Fenster geklettert ist.**

CHI_20k: und der Hirsch **trabt zu einem Abhang.**

CHI_20i: inzwischen **ist** der Hund **in das Glas gekrochen.**

An dieser Stelle soll darauf hingewiesen werden, dass alle zehn Texte der Sprecher mit L1 Deutsch durch eine hohe Individualtendenz gekennzeichnet sind, d. h. es gibt Sprecher, die generell zur Verwendung von Bewegungsverben mit der direktionalen PP tendieren, und solche, die noch eine direktionale Verbpartikel zum Verb hinzufügen. Diese Tendenz ist durch den gesamten Textablauf zu beobachten, was folglich eine derartige Feststellung bestätigt.

Als nächstes werden die Strukturen mit den Partikelverben präsentiert „V plus Verbpartikel". Es konnten in den Probandentexten insgesamt 30 solcher Strukturen gezählt werden:

KRI: 26 ...h bis er irgendwann **rausgefallen**[betont] ist.

MAG: 08 ist der Frosch **we/weggelaufen**.

KON: 30 ahh (.) Hat gespielt, gespielt bis der (1s) Bienenhaus **runtergefallen**

Aus dem Online-Korpus stammen insgesamt 47 Sätze mit direktionalen Partikelverben:

CHI_20k: dass der Korb **hinabfällt**.

CHI_20j: als er wieder **hinunterklettert**

CHI_20c: und schwupp was **kommt** da **heraus**.

Die vierte Kategorie bilden Strukturen vom Typ „Verb plus PP plus Verbpartikel", die es im Probandenkorpus ebenso wie die mit den Partikelverben 30 Mal gibt:

AND: 08 Währenddessen der Frosch(.)**ist aus dem Glassgefäß rausgestiegen**

KON: 46 die **fliegen**(.)beide **runter ins Wasser**.

LEN: 14 und **ist** ..h ähm **vom Fenster** (.) **runtergefallen**.

Aus dem Online-Korpus stammen insgesamt 46 solcher Konstruktionen, die im Folgenden exemplarisch präsentiert werden:

CHI_20f: und **kommen** immer weiter **in den Wald hinein.**

CHI_20h: und der Hund **fällt** auch **ins Wasser** also einen Hang **runter ins Wasser.**

CHI_20a: und **fällt vom Baum runter.**

CHI_20a: und **klettert** denn **auf einen Fels rauf.**

Wie bereits oben angedeutet, zeichnen sich die Texte der Deutsch-Muttersprachler durch einen starken Individualstil aus, was zu unterschiedlichen Ausdrucksweisen der Gerichtetheit einer Bewegung führt: Einige Sprecher tendieren generell zum Muster „**Verb plus direktionale PP**", andere hingegen fügen noch eine direktionale Verbpartikel hinzu. Diese Tatsache wird in den Auswertungen und Zusammenfassungen der Analyseergebnisse noch einmal aufgegriffen, ausführlicher erklärt und diskutiert.

Nun sollen noch die einzelnen seltenen Beispiele der Kodierung der gerichteten Bewegungsereignisse angeführt werden, die in Kontrast zu den gewöhnlichen Mustern stehen und die sowohl aus dem Probanden- als auch aus dem Online-Korpus stammen. Beginnen möchte ich mit folgenden interessanten Beispielen, die aus dem Text von Proband ABO stammen:

ABO: 70 und **stürzte** den Baum **herunter.**(1s)

Hierbei handelt es sich um die Konstruktion „**Verb plus Verbpartikel**". Das danebenstehende Substantiv in Verbindung mit dem Artikel kann nicht als direktionale Präpositionalphrase bezeichnet werden, da einerseits keine Präposition benutzt wird und es sich dabei andererseits um den Weg und nicht etwa um den Ausgangs- oder Zielort der gerichteten Bewegung handelt.

ABO: 71 Der_der_der Hund(.)**wurde** weiterhin von den Bienen .h(.)**gejagt.**(1.5s)

Diese oben angeführte Struktur wurde als Struktur mit allein stehendem Verb gezählt. Bemerkenswert ist dabei die Passivkonstruktion, die von den restlichen

Probanden vermieden wird. In den Texten, die von Deutsch-Muttersprachlern stammen, taucht die Passivform ebenso nicht auf.

Die nächsten beiden Beispiele sind insofern von Bedeutung für die vorliegende Untersuchung, als dass es sich dabei um ein und dieselbe Art der nach innen gerichteten Bewegung handelt, allerdings mit unterschiedlichen Ausdrucksweisen: Im ersten Satz wird das Basisverb „gehen" ohne Verbpartikel in Verbindung mit der direktionalen Präpositionalphrase verwendet, im zweiten kommt zum selben Verb noch die Verbpartikel hinzu:

ABO: 52   ..h(.)und plötzlich(1s)**gingen sie auch in den Wald,**(..)

ABO: 57   .h und äh **gingen**(.)auch **in den Wald hinein,**(.)

Die Struktur „gingen in den Wald hinein" kann in diesem Fall als so genannte „redundante Wendung" bezeichnet werden, denn die Konstruktion „gingen in den Wald" allein enthält bereits ausreichend Informationen über den Zielort der gerichteten Bewegung.

Eine Reihe relativ zahlreich auftretender Strukturen bilden Kombinationen mit einem Verb und der Verbpartikel „hinterher-". Dabei handelt es sich entweder um Bewegungsverben oder um das Verb „sein", die sowohl in den muttersprachlichen als auch in den Daten des Deutschen als Zweitsprache festgestellt werden konnten. Allerdings wurden nicht alle Konstruktionen bzw. Teile dieser Strukturen berücksichtigt und konnten somit nicht in die Datenanalyse aufgenommen werden. Einerseits gehört die Verbpartikel „hinterher-" nicht zur Gruppe direktionaler Verbpartikeln, andererseits können Strukturen mit dem Verb „sein" in Kombination mit diversen Präpositionalphrasen bzw. Adverbialen nicht den untersuchungsrelevanten Kategorien zugeordnet werden. Nichtsdestotrotz erscheint es für die vorliegende Arbeit bereichernd, diese Strukturen näher zu betrachten, weil sie eine Bewegung bzw. einen Ortswechsel eines bestimmten Objekts auf eine besondere Art und Weise kodieren. Zur Veranschaulichung solcher Muster werden folgende Beispiele aus dem Probandenkorpus herausgegriffen:

ABO:	86	und der Hund **hinter** ihm (.) **her**.(15s)
KRI	63	hh Der Hund (.) **hinterher**. (.)
AND:	59	Währenddessen war die Eule **hinter** dem (.) k_kleinen Jungen **her** (..) **gefallen** (.)
AND:	36	sodass die Bienen dann **hinter** dem Hund **her/her waren**.

Die oben angeführte Struktur *„hinter jemandem her sein"* ist allerdings verhältnismäßig oft und nicht nur in den mündlichen Texten der Sprecher des Deutschen als Zweitsprache anzutreffen. Es handelt sich dabei um sog. „pleonastische" Konstruktionen mit dem Verb *„sein"* in Verbindung mit einer Verbpartikel oder PP, die vermehrt auch in den Texten deutscher Muttersprachler eingesetzt worden sind:

CHI_20a:	die **hinter ihm her sind**.
CHI_20e:	Tom **auf der Flucht** vor dem Uhu.
CHI_20h:	der Frosch **ist weg**.

Zu weiteren ähnlichen Strukturen gehören folgende Sätze aus dem Probandenkorpus:

MAG:	10	äh hat er festgestellt, dass der Frosch **weg ist**.(1.25s)
MAG:	50	Und **plötzlich**[betont] **ist** er **auf dem Kopf** von einem Hirsch.(2s)
KRI:	49	...h(..)Und irgendwann(.)**war** der Bienenstock auch **unten**
DIK:	16	dass(.)in(..)dem Glas ...h sein kleiner Freund [betont] **nicht mehr da war**.

In diesen letzten Strukturen fungiert das Verb *„sein"* als Bewegungsträger, wobei die Adverbiale, die in einer engen Verbindung mit dem Verb steht, sowie die

Präpositionalphrase im zweiten Satz von Probandin MAG als Marker für die Positionierung der jeweiligen Bewegung agieren.

Das folgende Beispiel nach dem Muster „das Verb *'kommen'* in Verbindung mit Partizip II" tritt meistens in den Texten der deutschen Muttersprachler auf, im eigenen Probandenkorpus findet sie sich hingegen nur ein einziges Mal und zwar bei der Sprecherin NAT, die im frühen Alter nach Deutschland eingereist ist:

NAT: 89   `Und äh äh `**`aus dem`**` ähm(.)`**`Baum-loch`**`(..)`**`kam`**` 'ne Eule `**`rausgeflogen`**

Zur Präsentation dieser Muster aus dem Online-Korpus können folgende Strukturen angeführt werden:

CHI_20e: `aus einem Erdloch `**`kommt`**` plötzlich ein Erdhörnchen `**`herausgeprungen.`**

CHI_20b: `und dieser Frosch `**`kommt`**` auf den Jungen `**`zugehüpft.`**

Als für die vorliegende Datenanalyse besonders bemerkenswert erscheint folgendes Beispiel mit einer Selbst-Reparatur von Probandin NAT, denn genau dieses Muster scheint als differenzierungsrelevant für die vorliegende Untersuchung zwischen den Muttersprachlern und Zweitsprachlern zu sein:

NAT: 91   `und `**`is`**` ähm `**`runtergefallen/`**
            92   `/`**`vom Baum gefallen.`**`(1s)`

Im ersten Satzteil wird die Struktur mit dem nach unten gerichteten Verb „*fallen*" in Verbindung mit der direktionalen Verbpartikel „*runter-*" verwendet, wobei die Sprecherin sich selbst unmittelbar danach durch eine komplett andere Struktur korrigiert, die zwar das gleiche Verb enthält, aber diesmal in Verbindung mit einer direktionalen Präpositionalphrase steht, während die Verbpartikel in der zweiten Variante komplett ausgelassen wird. Im Gegensatz zu diesem Beispiel steht die folgende Struktur von Proband ALB, bei der dieselbe Szene der Bildergeschichte versprachlicht wird:

ALB: 55   und der Junge **fällt vom Baum runter.**(.)

In diesem Fall wird also die Struktur „Bewegungsverb in Kombination mit der Verbpartikel und PP" gebraucht. Interessanterweise äußerte sich der Proband ALB im abschließenden Gespräch nach der Audioaufnahme bezüglich der Verwendung der Verbpartikel in Verbindung mit dem Verb „*fallen*" ungefähr folgendermaßen: Es war ihm doch unzureichend das Verb in dieser Situation allein zu verwenden, es hätte sonst eine gewisse Abgeschlossenheit der Handlung gefehlt. Diesen Gedanken behalten wir für unsere anschließende Diskussion in Bezug auf die gestellten Hypothesen.

Diese Aussage macht es spannend und für die vorliegende Datenanalyse relevant, die gewöhnlichen Muster mit dem Verb „*fallen*" als einem Verb, das die Semantik der Gerichtetheit nach unten in sich birgt, in den beiden Korpora weiter zu verfolgen. Es folgen einige weitere Beispiele aus dem Text eines anderen Untersuchungsteilnehmers, AND, der für die Kodierung derselben Szene die gleiche Struktur benutzt:

56   /der Junge hat sich erschreckt und **vom Baum runtergefallen.**

Für die Beschreibung der Szene mit dem Bienenstock verwendet er zuvor jedoch die Struktur mit demselben Verb und PP ohne die Verbpartikel:

44   /dass der Bienenstock sogar **vom Baum gefallen ist**

Auch in der nächsten Szene ist wieder eine Tendenz zur Verwendung der Verbpartikel mit der direktionalen PP zu erkennen:

87   /.h von sein/von_von seinen Geweihen **runter in den Fluss gefallen ist.**(.)

Gleich danach wird jedoch dieselbe Bewegung durch das Verb allein kodiert; die mit dem Verb verwendete Verbpartikel „*hinterher-*" beinhaltet dabei keine Gerichtetheit in ihrer Semantik:

89   So/so **ist** der Hund dann hinterher **gefallen,**

Anhand dieser von AND verwendeten Strukturen steht fest, dass der Sprecher keine eindeutige Präferenz bezüglich der verwendeten Muster mit direktionaler PP und Partikelverb bzw. mit einfachem Verb zeigt. Diese Tatsache wird ebenso noch einmal aufgegriffen und genauer betrachtet.

Was zeigen die Daten der L1 Deutsch in Bezug auf die Versprachlichung ähnlicher Bewegungstypen? Zum Vergleich sollen hier einige Strukturen mit dem Verb „fallen" aus dem muttersprachlichen Usus präsentiert werden:

CHI_20f: vor Schreck **fällt** der kleine Junge **auf den Rücken** vom
           [/?] **runter vom Baum**.

CHI_20e: und rumms **auf den Rücken fällt**.
           herunterfällt auf den Boden.

CHI_20k: dass er **vom Ast fällt**.

CHI_20j: **fällt** der arme Hund kopfüber **zu Boden**.

Wie aus den oben angeführten Beispielen der Sprecher mit L1 Deutsch ersichtlich wird, kann hier ebenso keine eindeutige Tendenz zur Verwendung bestimmter Muster der sprachlichen Kodierung der Bewegungsereignisse festgestellt werden: Einige Sprecher tendieren zur Verwendung einer direktionalen PP, andere fügen noch zusätzlich eine Verbpartikel hinzu. Auch bei dem Verb „fallen", das in seiner Semantik bereits eine nach unten gerichtete Bewegung beinhaltet, bleiben die Analyseergebnisse aus den Daten der Deutsch-Muttersprachler nicht aussagekräftig. Anhand der zur Verfügung stehenden Daten der L1 Deutsch kann folglich kein typischer muttersprachlicher Usus von untersuchungsrelevanten Bewegungsmustern festgestellt werden.

Als hochinteressant und aus der Reihe der gewöhnlichen Ausdrucksweisen der gerichteten Bewegung herausfallend erweist sich das folgende Beispiel aus dem Text von Proband KON:

KON: 05   **hat sich** heimlich aus der(1.5s)Flasche **raus**
            äh(1s)**geschmuggelt**(..)

Bemerkenswert ist hier die Pause zwischen der Verbpartikel „raus-„ und dem Verb „schmuggeln" mit Reflexivpronomen „sich", die auf die Denkzeit während der Auswahl des passenden Verbs hinweisen kann. In dieser Konstruktion wird zudem die direktionale PP mit Angabe des Ausgangsortes gebraucht. Diese Struktur wurde angesichts ihrer nicht relevanten Charakteristik nicht in die gesamte Datenanalyse aufgenommen, denn es handelt sich dabei um ein Transportverb, das in diesem Fall noch in einer übertragenen Bedeutung verwendet wird.

Auf ähnliche Weise ist auch das nächste Beispiel aus dem Text von Probandin LEN zu betrachten: Hier wird zwar kein Bewegungsverb in dem Sinne, in dem es in der vorliegenden Arbeit gesehen wird, verwendet, jedoch ein Transportverb mit der hinzugefügten direktionalen Verbpartikel „*runter-*" und einer direktionalen PP:

LEN: 40 /und auch in einen Teich(.)**runtergeschmissen.**(..)

In den Texten aus dem Vergleichsmaterial treten ähnliche Verwendungsweisen auf. Zur Veranschaulichung können folgende Muster präsentiert werden:

CHI_20h: und der Hund **hat** also in der Zwischenzeit den Bienenkorb **runtergeschmissen.**

CHI_20e: weil Tom also [/?] laut **reingerufen hat** in das Loch.

Eine Reihe der Strukturen mit Verben in Verbindung mit dem Reflexivpronomen „*sich*" bietet das Vergleichsmaterial aus dem Online-Korpus. Exemplarisch werden an dieser Stelle folgende Beispiele angeführt:

CHI_20c: und **entfernen sich** immer weiter **von dem Haus.**

CHI_20h: dann **stellt** er **sich** also **auf einen Stein drauf.**

CHI_20e: während der Hund **sich** nun ganz leise **verkriecht.**

Unter den Probanden haben nur die Sprecher DIK und LEN jeweils eine ähnliche Struktur verwendet:

DIK: 62   `Der [gedehnt](.)Kleine(.)…h` **`näherte sich einem(.)altem großem Baum,`**
LEN: 10   `..h Und dann ähm hhh ..h` **`hat sich`** `der Junge` **`auf den Weg gemacht,`**

Dabei muss beachtet werden, dass lediglich sieben solche Verwendungsweisen bei den Sprechern des Deutschen als Muttersprache und nur zwei im Probandenkorpus aufgezeichnet werden konnten. Das zuletzt angeführte Beispiel von LEN wurde nicht dazu gezählt, da es sich dabei nicht um eine Bezeichnung der gerichteten Bewegung handelt. Ansonsten wurden alle Bewegungsverben mit dem Reflexivpronomen „*sich*" als einfache Bewegungsverben gezählt und zu den jeweiligen Untersuchungskategorien nach deren Verwendungen in den Texten eingeordnet.

Zum Schluss soll die Distribution zwischen den vier Untersuchungskategorien bei den einzelnen Probanden präsentiert werden. Zur Veranschaulichung der Verteilung der in der vorliegenden Studie behandelten Konstruktionen dient zunächst folgende Tabelle:

Probanden	Tokens	V	V+PP	V+Vpart	V+Vp+PP
ABO	22	2	12	6	2
ALB	17	1	9	2	5
AND	17	5	4	1	7
DIK	14	1	9	2	2
JUL	9	2	4	2	1
KON	8	2	1	4	3
KRI	14	2	5	3	4
LEN	7	–	2	2	3
MAG	9	2	1	3	3
NAT	23	8	10	5	–

Tabelle 8: Die Distribution zwischen den Untersuchungskategorien bei den Probanden.

Wie aus der oben angeführten Tabelle ersichtlich ist, fallen v. a. die Zahlen von den beiden jüngsten Probanden auf. Beide Sprecher, ABO und NAT, unterscheiden sich von allen anderen Probanden und gleichen einander dadurch, dass sie erstens die größte Anzahl an Verben gerichteter Bewegung insgesamt verwendet haben und zweitens die Konstruktion Bewegungsverb plus direktionale PP deutlich bevorzugen und die Kombination Partikelverb plus PP eher vermeiden: Die Sprecherin NAT gebraucht sie gar nicht und der Sprecher ABO verwendet sie nur zweimal. Das Verhältnis der gebrauchten untersuchungsrelevanten Strukturen liegt bei ABO bei 12:2 und bei NAT bei 10:0. Dabei ist die Tatsache bemerkenswert, dass die Struktur V+PP *„gingen in den Wald"* im Text von ABO noch einmal gleich danach als V+Vpart+PP *„gingen in den Wald hinein"* erwähnt wird. Im Text von Sprecherin NAT ist wiederum die Selbstkorrektur *„ist runtergefallen/ vom Baum gefallen"* (V+Vpart vs. V+PP) spannend. An diesem Beispiel wird deutlich, dass der Gebrauch von einer direktionalen Verbpartikel nur mit dem Bewegungsverb allein, nicht jedoch in Kombination mit einer direktionalen PP bevorzugt wird.

Die Daten von zwei weiteren Probanden, ALB und AND, ähneln sich insofern, als dass sie die gleiche Anzahl an Kodierungen der gerichteten Ereignisse insgesamt aufweisen (17). Das Verhältnis der beiden untersuchungsrelevanten Kategorien V+PP:V+Vpart+PP liegt bei ihnen folgendermaßen: Bei dem Sprecher ALB ist es 9:5 und bei dem Sprecher AND 4:7. In anderen Worten kann bei ALB eher die Tendenz zum Gebrauch von Struktur V+PP und bei AND von V+Vpart+PP beobachtet werden, wobei die Zahlen hier nicht weit auseinanderliegen. Beim Vergleich der Probanden DIK und KRI ist eher die Tatsache interessant, dass der Sprecher DIK die Konstruktion V+PP deutlich präferiert: Das Verhältnis der beiden Strukturen liegt bei diesem Probanden bei 9:2. Bei Probandin KRI bleibt das Verhältnis zwischen den beiden Strukturen ungefähr gleich (5:4): Sie verwendet die Kombination V+PP somit nur ein Mal mehr als die andere. Die Sprecherin JUL bevorzugt wiederum die Struktur V+PP (4:1). Allerdings liefert der gesamte Text nur noch wenige untersuchungsrelevante Kategorien (insgesamt neun), was vor allem durch den von der Probandin gewählten Erzählmodus erklärt werden kann: JUL liest die Geschichte quasi dem Hörpublikum vor und verwendet dabei sehr oft direkte Rede. Eine detaillierte Beschreibung der auf den Bildern dargestellten Bewegungsereignisse wird dabei nicht direkt versprachlicht. Bei der Probandin LEN finden sich insgesamt sieben Kodierungen der gerichteten Bewegung, dabei verwendet sie zweimal die Struktur V+PP und dreimal die Struktur V+Vpart+PP.

Bemerkenswert sind allerdings die mündlichen Texte, die von den beiden ältesten Probanden stammen, die im Alter von über 20 Jahren nach Deutschland eingereist sind: Die Probandin MAG im Alter von 23 und der Proband KON im Alter von 21. Die beiden Sprecher verwenden eine im Vergleich zu den beiden jüngsten Probanden NAT und ABO relativ geringe Anzahl an untersuchungsrelevanten Kategorien: Es sind insgesamt neun Ereignisse der gerichteten Bewegung von MAG und acht von KON versprachlicht worden. Das Verhältnis zwischen den Konstruktionen V+PP und V+Vpart+PP liegt bei den beiden Sprechern bei 1:3, was wiederum ebenso im Unterschied zu den beiden jüngsten Probanden steht. Bemerkenswert ist dabei die Tatsache, dass eine weitere von dem Sprecher KON verwendete Struktur nach dem Muster V+Vpart+PP gestaltet ist, die jedoch wegen der nicht zutreffenden Charakteristik des Verbs nicht in die Untersuchung aufgenommen werden konnte:

KON: 05   **hat sich** heimlich **aus der** (1.5s) **Flasche raus** äh (1s) **geschmuggelt** (..)

Des Weiteren sind im Text von Probandin MAG alle drei nach dem Muster V+Vpart+PP gebrauchte Konstruktionen mit dem Verb „*fallen*" formuliert:

MAG: 20   **ist** er ...h bei dieser Aktion **aus dem Fenster raus** (..) **gefallen.**(1s)

39   Der Junge **ist** ähh (.) ...h(1s) **vom Baum** (.) **runtergefallen.**

65   und der Junge **ist** ähh(.)

66   ja, [blättert] (1.5s)

67   irgendwie **in die Grube** äh **runtergefallen** -

Angesichts dieser oben angeführten Beobachtungen könnte die Hypothese, dass mit zunehmendem Einreisealter die sprachlichen Muster der Erstsprache eher erhalten bleiben, in Ansätzen als bestätigt angenommen werden. Und umgekehrt könnte demnach gelten: je früher der Kontakt mit der Zweitsprache stattfindet, desto höher liegt die Wahrscheinlichkeit der Aneignung ihres Verhaltenssystems. Allerdings bedarf diese Annahme einer weiteren grundlegenden empirischen Untersuchung in diesem Bereich, die in einem viel größeren Umfang durchgeführt werden muss.

4.3 Auswertung und Zusammenfassung der Ergebnisse

Zu Beginn der Auswertung und Zusammenfassung der Analyseergebnisse soll folgende Tabelle den Überblick über die in den beiden Korpora insgesamt aufgezählten relevanten Strukturen und deren prozentual berechneten Angaben verschaffen:

L1 Ru	Strukturen insgesamt 144	%	L1 De	Strukturen insgesamt 218	%
V	26	18,05	V	45	20,7
V+PP	57	39,6	V+PP	74	34,1
V+Vpart	30	20,8	V+Vpart	47	21,7
V+Vpart+PP	30	20,8	V+Vpart+PP	46	21,1
„kommen"+ Partizip II	1	0,7	„kommen"+ Partizip II	6	2,8

Tabelle 9: Die Endergebnisse der Datenanalyse mit den prozentualen Angaben.

Insgesamt konnten in den Texten der Sprecher mit russischer Erstsprache 144 Kombinationen mit Verben gerichteter Bewegung gezählt werden. In den Texten deutscher Muttersprachler wurden deutlich mehr Ereignisse mit gerichteter Bewegung verbalisiert: Es konnten dort insgesamt 218 Verben der gerichteten Bewegung festgestellt werden. Wie oben bereits erwähnt, sind die Strukturen mit Bewegungsverben, Verbpartikeln und direktionalen Präpositionalphrasen (V+Vp+PP) von besonderem Interesse für die vorliegende Untersuchung. In den Texten russischsprachiger Probanden wurden insgesamt 30 Stellen mit dieser

Kombination festgestellt, was ca. 20,8% von der Gesamtanzahl aller untersuchten Strukturen beträgt. In den mündlichen Geschichten deutscher Muttersprachler aus dem Online-Korpus sind es insgesamt 46 solcher Kombinationen, also ca. 21,1%, sie liegt damit nur knapp über der Prozentualangabe aus dem Korpus der russischsprachigen Probanden. Daraus lässt sich ermitteln, dass die Anzahl dieser Strukturen zu etwa gleichen Anteilen in beiden Korpora festgestellt werden konnte.

Bemerkenswert ist des Weiteren, dass die muttersprachlichen Daten durch eine hohe Individualtendenz in Bezug auf die Verwendung von direktionalen Verbpartikeln im Zusammenhang mit dem Bewegungsverb und der direktionalen PP gekennzeichnet sind. So verwendet beispielsweise der Sprecher **CHI_20f** insgesamt 14 dieser Strukturen und somit die höchste Anzahl im gesamten analysierten Online-Korpus. Alle anderen verwenden entweder wesentlich weniger oder tendieren generell nicht zu einer Verwendung solcher Strukturen, wie bspw. der Sprecher **CHI_20j**.

Bei einigen Deutsch-Muttersprachlern kam folglich eine Tendenz zum Vorschein, generell mehr Partikelverben in Verbindung mit einer Präpositionalphrase zu verwenden, andere hingegen haben nie oder verhältnismäßig wenige solcher Strukturen gebraucht. Aus dieser Feststellung lässt sich schlussfolgern, dass die Verwendung der jeweiligen Strukturen stark vom individuellen Stil des Sprechers abhängt. Bedauerlicherweise ist der genaue sprachliche Hintergrund der deutschen Sprecher aus dem Online-Korpus nicht ersichtlich. Möglicherweise liegt der Gebrauch solcher Strukturen entweder an dem jeweiligen Dialekt der Sprecher oder an dem Erzählmodus der konzeptionellen Mündlichkeit bzw. der konzeptionellen Schriftlichkeit.

Weitere in den mündlichen Geschichten sehr häufig gebrauchte Strukturen sind Kombinationen mit Bewegungsverben plus direktionale Präpositionalphrasen (V+PP). Sie sind genauer betrachtet die am häufigsten vertretenen Kombinationen mit dem Bewegungsverb sowohl in den Texten der russischen als auch in denen der deutschen Muttersprachler. Insgesamt konnten in den Texten erwachsener Probanden 57 dieser Strukturen gefunden werden, was ca. 39,6% der Gesamtsumme beträgt. Auch in den Texten deutscher Sprecher sind es verhältnismäßig viele, genauer gesagt 74 Stellen, was ca. 34,1% der Gesamtanzahl aller untersuchten Strukturen der gerichteten Bewegung beträgt. Daraus ist erkennbar, dass der

Gebrauch von Kombinationen V+PP bei den russischen Muttersprachlern prozentual sogar etwas höher ist (um ca. 5,5%) als bei den deutschen Sprechern.

Die nächste im Laufe der Studie untersuchte Kategorie ist das Bewegungsverb im Zusammenhang mit der Verbpartikel (V+Vpart), die eine gerichtete Bewegung am Verb präzisiert. In den Texten russischsprachiger Probanden wurden insgesamt 30 solcher Verben gezählt und damit auch prozentual genauso viel, wie diese Kategorie in Verbindung mit direktionaler Präpositionalphrase, nämlich ca. 20,8%. Auch in den Vergleichstexten aus dem Online-Korpus konnte kein besonders großer Unterschied in der Anzahl solcher Ausdrucksweisen der gerichteten Bewegung gefunden werden: Es wurden insgesamt 47 Verben in Verbindung mit der Verbpartikel verwendet, d. h. ca. 21,7% und damit nur knapp über der Prozentualangabe aus dem russischsprachigen Probandenkorpus.

Die letzte in der vorliegenden Untersuchung analysierte Ausdrucksweise der gerichteten Bewegung ist das allein stehende Bewegungsverb (V). An dieser Stelle soll erneut verdeutlicht werden, dass Präfixverben und Verben mit dem Reflexivpronomen „sich" ebenso zu dieser Kategorie gezählt worden sind. Der Gebrauch von Verben in Verbindung mit dem Reflexivpronomen ist allerdings eher für die Deutsch-Muttersprachler charakteristisch; nur zwei Sprecher mit russischer Erstsprache haben jeweils einmal ein Verb mit dem Reflexivpronomen verwendet. Insgesamt konnten 26 Stellen mit allein stehenden Verben gerichteter Bewegung im Probandenkorpus gezählt werden und damit ca. 18,05%; in den Texten deutscher Muttersprachler sind es insgesamt 45, was ca. 20,7% von der Gesamtanzahl aller untersuchten Strukturen der gerichteten Bewegung entspricht und damit nur ca. 2,5% mehr als die Anzahl solcher Stellen im russischsprachigen Probandenkorpus.

Interessant ist dabei die komplexe Konstruktion des Basisverbs „kommen" + Partizip II, die fast ausschließlich in den Texten deutscher Muttersprachler vorkommt: Es sind insgesamt sechs solcher Strukturen in den Texten zu beobachten und damit ca. 2,8% von der Gesamtanzahl aller untersuchten Kombinationen. Im Probandenkorpus tritt diese Konstruktion nur einmal bei der Probandin NAT auf, die allerdings, wie weiter oben erwähnt worden ist, im frühen Alter nach Deutschland eingereist ist. Es sind dementsprechend lediglich ca. 0,7% aller im Probandenkorpus gebrauchten Kategorien der gerichteten Bewegung. Bei der Verwendung dieser komplexen Struktur ist bemerkenswert, dass es sich dabei um Partizipformen der Bewegungsverben mit einer präzisierenden Verbpartikel handelt (z. B., *„kommt hervorgesprungen"*, *„kommt herausgeflogen"*, *„kommt zugehüpft"* usw.). Dabei wird die genaue Art und Weise der Bewegung durch den Einsatz dieser Partizipform präzisiert. Interessant ist auch die Tatsache, dass die Markierung des Ausgangs- bzw. des Zielortes der gerichteten Bewegung sowohl durch den Gebrauch von Verbpartikeln, als auch durch den Einsatz direktionaler Präpositionalphrasen erfolgt (z. B., *„kam aus dem Baumloch herausgeflogen"*, *„kommt auf den Jungen zugehüpft"* usw.). Die geringe Anzahl solcher Strukturen insgesamt ist zwar nicht aussagekräftig für die vorliegende Untersuchung, bietet jedoch einen wertvollen Impuls für eine weitere vertiefte Auseinandersetzung im Forschungsbereich der Ausdrucksweisen gerichteter Bewegung.

Ich möchte mich im Folgenden der präziseren Analyse einiger einzelner Bewegungsverben und deren Kombinationen widmen und somit eine kontrastive Untersuchung auf der semantischen Ebene durchführen, mit dem Ziel, mögliche Unterschiede zwischen den muttersprachlichen Präferenzen und denen der russischsprachigen Probanden im Deutschen aufzuzeigen. Für diesen Vergleich wurde nicht das gesamte Untersuchungskorpus aller Verben, sondern nur die Verben genommen, die auch in den Texten der russischsprachigen Probanden auftauchen. Die Analyse erfolgt wie oben beschrieben durch das Aufzählen und das Berechnen der Prozentualangaben in den beiden Korpora, wobei im Zentrum dieser Teilanalyse das Verhältnis der jeweiligen Strukturen zueinander im Vergleich zwischen den beiden Korpora steht. Besonderer Wert wird auf den Vergleich der Kombinationen von Bewegungsverben und direktionalen Präpositionalphrasen, von Bewegungsverben mit Verbpartikeln und von Bewegungsverben mit Verbpartikeln und direktionalen Präpositionalphrasen gelegt.

Beim Gebrauch von neutralen Verben wie *„kommen"* und *„gehen"* ist charakteristisch, dass sie sowohl in den Strukturen V+Vp als auch V+Vp+PP in allen untersuchten Texten im gesamten Korpus zu finden sind. Das Gleiche gilt für das Verb *„laufen"*, das ebenso keine gerichtete Semantik in sich trägt. Für Vergleichszwecke interessant ist zu beobachten, wie die Verteilung der untersuchten Kategorien in den beiden Korpora ausfällt. Die repräsentativen Ergebnisse dieser Teiluntersuchung sind hier vergleichend in Form einer Tabelle zusammengestellt:

Verb	RU (144)			DE (218)		
	V+PP (57)	V+Vp (30)	V+Vp+PP (30)	V+PP (74)	V+Vp (47)	V+Vp+PP (46)
gehen	12 (21%)	5 (17%)	2 (7%)	10 (13.5%)	2 (4%)	7 (15%)
kommen	5 (9%)	4 (13%)	9 (30%)	10 (13.5%)	13 (28%)	9 (20%)
laufen	2 (4%)	9 (30%)	3 (10%)	5 (7%)	6 (13%)	1 (2%)
klettern	14 (25%)	–	1 (3%)	14 (19%)	2 (4%)	7 (15%)
fallen	10 (18%)	7 (23%)	9 (30%)	10 (13.5%)	12 (26%)	13 (28%)

Tabelle 10: Die Verteilung einzelner Untersuchungsstrukturen auf semantischer Ebene.

Wie aus der oben angeführten Tabelle ersichtlich ist, fallen auch hier die Zahlen der verwendeten Strukturen bei den Sprechern aus den beiden Korpora nicht so sehr auseinander, dass eine bestimmte Tendenz zur Verwendung einer beliebigen Struktur beobachtet werden kann. Beschränken wir uns jedoch auf die Analyse des Gebrauchs des Verbs „*fallen*" im gesamten Untersuchungskorpus, kann wie folgt argumentiert werden: Erstens beinhaltet das Verb „*fallen*" eine Semantik der nach unten gerichteten Bewegung in sich, so dass die Verwendung einer direktionalen Verbpartikel in Kombination mit einer direktionalen PP als überflüssig eingestuft werden kann. Zweitens wurde dieses Verb in den beiden untersuchten Korpora verhältnismäßig zahlreich verwendet, was wiederum eine gute Vergleichsmöglichkeit bietet. Von vornherein soll jedoch noch einmal betont werden, dass im Korpus der deutschen Muttersprachler eine starke Individualtendenz zur Bevorzugung jeweiliger Muster verzeichnet werden konnte, was in den Probandendaten nicht der Fall ist, d. h. die Texte russischsprachiger Testpersonen von keiner eindeutigen Präferenz zeugen. Diese Tatsache könnte die Analyseergebnisse der Studie von Schmiedtová/Sahonenko bestätigen, nämlich dass die russischen Sprecher des Deutschen in Konflikt zwischen ihrer muttersprachlichen Strategie und der Zielsprache stehen (vgl. Schmiedtová/Sahonenko 2008, S. 65). Wobei, wie aus den oben angeführten Beispielen der Sprecher mit L1 Deutsch erkennbar ist, anhand dieser Daten ebenso keine eindeutige Tendenz zur Verwendung bestimmter Muster der sprachlichen Kodierung der Bewegungsereignisse beobachtet werden konnte. Auch bei dem Verb „*fallen*", das in seiner Semantik bereits eine nach unten gerichtete Bewegung trägt, sind die Analyseergebnisse aus den Daten der Deutsch-Muttersprachler nicht aussagekräftig. Anhand der zur Verfügung stehenden Daten der L1 Deutsch kann folglich kein typischer muttersprachlicher Usus festgestellt werden, was wiederum nicht mit den Studienergebnissen von Schmiedtovà/Sahonenko übereinstimmt.

Zum Schluss sollen die wesentlichen Ergebnisse im Bereich der Verwendung von Tempusformen als Marker des Erzählmodus bei der Beschreibung der Bildergeschichte aufgeführt werden: Die Untersuchung hat ergeben, dass die Texte deutscher Muttersprachler zum größten Teil (ca. zu 90%) das Präsens als Erzählform der Bildergeschichte enthalten; das Perfekt wurde generell nur dann gebraucht, wenn es sich um ein vorzeitig geschehenes Ereignis handelte. Hingegen kennzeichnen sich die Probandentexte durch ein zerstreutes Spektrum von Tempusformen: Dabei tendieren einige Personen generell zur Verwendung einer Tempusform als Erzählform, andere dagegen setzen unterschiedliche Tempusformen in ihrer Bildergeschichte ein. Die Verteilung aller drei Tempora (Präsens, Präteritum und Perfekt) erfolgte im gesamten Korpus beinahe gleichermaßen. Bei den Sprechern mit zerstreutem Gebrauch von Tempusformen konnte allerdings keine eindeutige Systematik festegestellt werden.

Im Folgenden findet eine Zusammenfassung aller im Laufe der vorliegenden quantitativen Untersuchung gewonnenen Erkenntnisse statt. Des Weiteren sollen die gestellten Hypothesen ausführlich diskutiert werden, wobei auf die möglichen Gründe der erzielten Analyseergebnisse näher eingegangen wird. Der Ausblick auf die weiteren möglichen Forschungsansätze zum behandelten Thema soll ebenfalls formuliert werden.

5 Fazit und Ausblick

Das Ziel der vorliegenden empirischen Untersuchung war es, den Gebrauch von Verbpartikeln im Deutschen als Zweitsprache bei Sprechern mit russischer Erstsprache zu beschreiben und die ggf. auftretenden Auffälligkeiten im Vergleich mit dem Usus des Deutschen als Erstsprache in diesem Zusammenhang zu erklären. Es sollte außerdem gezeigt werden, dass die Verbmorphologie des Deutschen allgemein ein breites Untersuchungsfeld in der Zweitspracherwerbsforschung bietet. Hier sollen die Ergebnisse der durchgeführten Datenanalyse noch einmal kurz zusammengefasst werden.

Als Grundlage für die vorliegende Querschnittstudie diente die ereignisreiche Bildergeschichte „Frog, where are you?" von Mercer Mayer, die sich sehr gut für die Untersuchung verschiedener morphologischer und lexikalischer Mittel zum Ausdruck der gerichteten Bewegung in der Zweitsprache anbietet. Im Rahmen der vorliegenden Datenanalyse wurden insgesamt zehn mündliche Texte von einer bezüglich der Sprachenverwendung homogenen Probandengruppe von russisch-deutsch zweisprachigen Erwachsenen mit russischer Erstsprache erhoben und verschriftlicht. Als Vergleichsmaterial wurden die mündlichen Texte der gleichen Bildergeschichte aus dem online abrufbaren CHILDES-Korpus von ebenfalls zehn erwachsenen Sprechern mit deutscher Muttersprache verwendet, die als Ususdaten in der L1 Deutsch für die quantitative Vergleichsuntersuchung genommen wurden.

An dieser Stelle sollen die im vorliegenden Manuskript vertretenen Hypothesen diskutiert werden. Vor der Durchführung der empirischen Datenanalyse wurden folgende zwei Hypothesen aufgestellt:

Zu Beginn der empirischen Untersuchung wurde erstens davon ausgegangen, dass russische Sprecher eine tendenziell höhere Anzahl an Verbpartikeln mit räumlicher Bedeutung in der Zweitsprache Deutsch verwenden, als dies Deutsch-Muttersprachler tun. Der häufige Gebrauch von Verbpartikeln könnte als Transfer des Konzepts des im Russischen grammatikalisierten Aspekts gedeutet werden. Zweitens wurde vermutet, dass die Probanden mit russischer L1 die Gerichtetheit einer Bewegung im Deutschen eher durch die Verwendung von Verbpartikeln ausdrücken, wohingegen die Sprecher der L1 Deutsch dafür die Verwendung einer direktionalen Präpositionalphrase präferieren.

Im Laufe der Untersuchung konnten die aufgestellten Hypothesen nicht bestätigt werden. An dieser Stelle soll in erster Linie den möglichen Gründen dafür nachgegangen werden.

Einer der wichtigsten Gründe ist der geringe Stichprobenumfang, der leider nicht vermieden werden konnte angesichts des für das empirische Vorhaben zwar ausreichenden, jedoch für die Formulierung eines endgültigen Ergebnisses in diesem Forschungsbereich nicht aussagekräftigen Korpus. Infolgedessen können alle Aussagen, die im Rahmen der vorliegenden empirischen Untersuchung gemacht worden sind, nur auf die hier analysierten Texte bezogen werden. Als nächster möglicher Grund könnte die nicht passende bzw. nicht ausreichende Untersuchungsmethode genannt werden: Möglicherweise ist der quantitative Vergleich zwischen den beiden Sprachen in diesem Zusammenhang nicht ausreichend. Infolgedessen sollte für eine zukünftige Datenanalyse zu diesem Thema auch qualitativ vorgegangen werden, d. h. die Art der Bewegungsverben sowie der sie ergänzenden Verbpartikeln sollte berücksichtigt werden. Wie weiter oben im theoretischen Teil erwähnt, werden alle Bewegungsverben nach einem bestimmten Bewegungsschema klassifiziert und teilen sich somit auf neutrale, ursprungsorientierte, wegorientierte sowie zielorientierte Verben auf. In diesem Zusammenhang könnte der Frage nachgegangen werden, ob die Sprecher mit russischer Erstsprache auch dann zum Gebrauch von Verbpartikeln tendieren, wenn es sich dabei um ein Verb handelt, das eine Richtung bereits in seiner Semantik enthält, dass sie also die Gerichtetheit einer Bewegung tatsächlich eher durch die Verbpartikel ausdrücken. Wohingegen die Ausdrucksweise mit allein stehenden Bewegungsverben in Verbindung mit einer direktionalen PP für die Sprecher des Deutschen als Erstsprache bereits als ausreichend erscheint.

Darüber hinaus stellen das Phänomen des grammatischen Aspekts und dessen Gebrauch im Russischen einen hoch komplexen Problembereich dar, der nicht ohne weitere Forschungsarbeiten und -methoden erklärt werden kann. Denn der Aspekt ist eng mit dem Tempus verbunden und der Wechsel des Aspekts bringt gleichzeitig den Tempuswechsel mit sich. Des Weiteren spielt der für die jeweilige Sprache typische Erzählmodus selbstverständlich eine große Rolle: Im Deutschen gilt das Präsens als Tempusform für das Erzählen der Bildergeschichte, wohingegen im Russischen die perfektive Vergangenheitsform diese Funktion erfüllt. Davon zeugen die transkribierten Frosch-Geschichten von russisch monolingualen Sprechern aus der CHILDES-Datenbank. Ein weiterer interessanter Gedanke führt uns dazu, dass die Sprecher sich möglicherweise im Erzählmodus des Russischen befinden, auch wenn sie die Geschichte auf Deutsch erzählen. Um diese Hypothese allerdings ausreichend zu untermauern, bedarf es unvermeidlich einer umfangreicheren Untersuchung in diesem Forschungsbereich.

Als eins der weiteren möglichen Einflussfaktoren sollen noch die sprachliche Medialität und der Individualitätsgrad der jeweiligen Sprecher erwähnt werden. Befinden sich die Testpersonen beim Erzählen der Bildergeschichte in der konzeptionellen Mündlichkeit oder Schriftlichkeit, was einen Einfluss auf die Auswahl der benutzten Strukturen haben könnte? Wie geht die Untersuchungsperson mit dem individuellen Stil jedes einzelnen Probanden um? Das alles sind weitere Fragen, die sich in diesem Zusammenhang stellen und die einer vertieften Auseinandersetzung mit der dargestellten Problematik bedürften.

Möglicherweise sollte die Frage des Transfers in der Zweitspracherwerbsforschung noch weiter spezifiziert werden: Ist Transfer etwas Allgemeingültiges oder hängt dieses Phänomen mit vielen anderen Einflussfaktoren zusammen, wie dem Alter, dem Erwerbsbeginn, der Art des Zweitspracherwerbs usw.? Gegebenenfalls trifft die Problematik des Transfers gar nicht auf die Probanden zu, die an der Untersuchung teilgenommenen haben. Die Sprecher sind demzufolge in der Lage, beide Sprachen zu trennen und es erfolgt kein Übertragungsprozess aus deren Erstsprache Russisch in die Zielsprache Deutsch, es entsteht dabei also keine sog. Brücke zwischen den beiden im Kopf der Sprecher existierenden Sprachen. Diese Annahme kann jedoch nur schwer nachvollzogen werden, denn der Gedankenprozess der Versprachlichung gehört zu einem der komplizierten wissenschaftlichen Gegenstände. Schließlich erfolgt die sprachliche Produktion unbewusst, d. h. die Sprecher sind sich dabei nicht bewusst, warum sie die eine oder die andere Konstruktion bei der Versprachlichung bestimmter Ereignisse ausgewählt haben. Es sei denn, die Sprecher können im Falle eines an die Audioaufnahme anschließenden Interviews erklären, warum sie die eine oder die andere Struktur bevorzugt haben. Ein solches Gespräch konnte aber nur mit dem Probanden ALB stattfinden. Überraschenderweise kam es dabei zur Bestätigung der aufgestellten Transferhypothese. Diese Tatsache kann im Rahmen der vorliegenden Datenanalyse jedoch keinesfalls als repräsentativ gewertet werden. Alle Aussagen, die hier diesbezüglich gestellt wurden, müssen weiterhin als hypothetisch angesehen werden.

Von besonderem Interesse für die vorliegende Querschnittstudie waren bestimmte sprachliche Strukturen: Es wurde untersucht, ob die Verwendung von Bewegungsverb und Verbpartikel in Kombination mit einer direktionalen Präpositionalphrase in den mündlichen Texten von russischsprachigen Probanden tendenziell öfter ist als in den Texten von deutschen Muttersprachlern. Eine mögliche Erklärung hierfür wäre, dass für die deutschen Sprecher eine direktionale Präpositionalphrase allein als Marker des Ausgangs- bzw. des Zielortes ausreichend wäre, während diese von den russischsprachigen Deutschsprechern als unzureichend empfunden wird, wodurch es bei dieser Gruppe zum Gebrauch des zusätzlichen Markers (der Verbpartikel) kommt. Die Hypothese beruht hierbei auf einer strukturellen Ähnlichkeit zwischen den beiden Sprachen, betrifft jedoch nicht die semantische Ebene, weil die Verbalpräfixe im Russischen eine andere Funktion bzw. Funktionen erfüllen als die Verbpartikeln im Deutschen: Das System der Verbalpräfixe ist im Russischen genauso wie im Deutschen sehr stark ausgebaut, dabei sind jedoch die Bestimmungen dieser sog. Verbzusätze in den beiden Sprachen recht unterschiedlich. Die Präfixe haben im Russischen zwei wesentliche Funktionen, nämlich erstens der Markierung des grammatischen Aspekts und zweitens der Veränderung der Aktionsarten. Zusätzlich üben die Präfixe in beiden Sprachen eine wortbildende Funktion aus, dadurch wird die lexikalische Bedeutung des Verbs mit kontextuellen Informationen unterschiedlicher Art angereichert (vgl. Schmiedtová/Sahonenko 2008, S. 52).

Die im vorliegenden Manuskript vertretene Hypothese führte darauf hinaus, dass die ähnliche Form für die bedeutungsrelevante Funktion in der Zielsprache gehalten werden kann. Als unterstützender Faktor für diese Hypothese wurden zusätzlich Transfertheorien in der Zweitspracherwerbsforschung angenommen, die darauf hinweisen, dass nicht nur sprachliche Erscheinungen, sondern auch das Verhaltenssystem der Muttersprache in die Zweitsprache übertragen werden kann (vgl. Uhlisch 1992, S. 43). Hier spielt das Verhältnis der Fremdsprache zur Muttersprache eine entscheidende Rolle, ob es u. a. um nah verwandte oder typologisch unterschiedliche Sprachen geht. Dieser Gedanke führte folglich zur Annahme des möglichen Transfers der Konzepte von Sprechern aus deren L1 Russisch in die Zielsprache Deutsch. Wie bereits in der Einführung erwähnt wurde, wurde angenommen, dass die Sprecher mit russischer Erstsprache das Konzept des im Russischen grammatikalisierten Aspekts in ihre L2 Deutsch transferieren und sich dabei dem zur Verfügung stehenden sprachlichen Inventar bedienen, das dem Russischen ähnlich zu sein scheint, nämlich den Verbpartikeln. Dieser Ansatzpunkt sollte jedoch mit Vorsicht behandelt werden, denn einerseits werden die präfigierten perfektiven Präsensformen im Russischen nie in Verbindung mit der *hier und jetzt-Bedeutung* verwendet. Sie werden automatisch in eine Zukunftsform umgewandelt (vgl. Schmiedtová/Sahonenko 2008, S. 58). Andererseits existieren im Russischen die so genannten „sekundären Imperfektiva", die zwar präfigiert sind, durch das hinzugefügte Suffix jedoch einen imperfektiven Charakter bekommen. Diese Verbformen sind immer imperfektiv (vgl. ebd., S. 49).

Wie anhand der oben angeführten Untersuchungsergebnisse deutlich wird, fallen die Zahlen der insgesamt verwendeten Strukturen bei den Sprechern aus dem Probandenkorpus und aus dem Korpus des Vergleichsmaterials nicht so sehr auseinander, dass eine bestimmte Tendenz zur Verwendung einer beliebigen Struktur beobachtet werden kann. Diese Tatsache führt wiederum dazu, dass im Laufe der empirischen Untersuchung weder im Deutschen als Erstsprache noch als Zweitsprache ein typisches Muster festgestellt werden konnte. Insbesondere die Texte der Deutsch-Muttersprachler zeugen von einem hohen Individualstil und konnten dementsprechend nicht als typische Ausgangsbasis des muttersprachlichen Usus eingestuft werden. Der Gebrauch der Verbpartikeln bei den russischdeutsch zweisprachigen Probanden konnte ebenfalls keine gravierenden Auffälligkeiten hervorbringen. Bis auf die Texte der beiden jüngsten Sprecher konnten im gesamten Probandenkorpus keine bevorzugten Strukturen beobachtet werden. Diese Tatsache, dass die Texte deutscher Muttersprachler bei der Auswahl von sprachlichen Mitteln stark individuell gestaltet sind und die Texte russischsprachiger Probanden diesbezüglich als relativ homogen bezeichnet werden können, kann im Übrigen als allgemeines Ergebnis festgehalten werden, das über das unmittelbare Thema des vorliegenden Manuskriptes hinausgeht. Auch im Bereich der Verwendung von Bewegungsverben mit der bereits enthaltenen Semantik der Gerichtetheit, wie bspw. *„fallen"*, konnte weder bei den Deutsch-Muttersprachlern noch bei den russisch-deutsch zweisprachigen Probanden eine eindeutige Tendenz festgestellt werden.

An dieser Stelle soll auf die theoretischen Überlegungen des deutschen Linguisten Ludwig M. Eichinger Bezug genommen werden, die bereits in der Einführung zur Arbeit präsentiert worden sind. Der Wissenschaftler untersucht die Ausdrucksweisen der Zeit und des Raums im Verbwortschatz des Deutschen und kommt in seiner valenzgrammatischen Studie zu folgendem Fazit bezüglich der Verwendung von Verbpartikeln im Zusammenhang mit den Bewegungsverben:

> [...] Denn da in den lokalen Partikeln, die die Erstelemente der verbalen Wortbildungen darstellen, lediglich die räumlichen Relationen ausgedrückt sind, bleibt die Anwendbarkeit dieser Relation den innerlexematischen und außerlexematischen Beziehungen des komplexen Verbs überlassen. D. h. die Konkretion des Verständnisses solcher Bildungen ist nur im Kontext des Gesamtverbs – mit seinen Verwendungsregularitäten – und aus dem paradigmatischen Kontext weiterer solcher Bildungen zu verstehen, die als Muster für analogisch durchgeführte Integrationsprozesse anzusehen sind (Eichinger 1989, S. 24).

Des Weiteren bezeichnet Eichinger die Verwendung der verbalen Strukturen in Verbindung mit den direktionalen Verbpartikeln allein von der semantischen Ebene her doch als unzureichend; die syntaktische Fügung, oder die direktionale Präpositionalphrase, drückt demnach die Lokalität expliziter aus. Ergo bedeutet das Ganze, dass die Verbpartikel gegenüber einer direktionalen Präpositionalphrase eine sekundäre Funktion bei der Darstellung einer gerichteten Bewegung erfüllt. Dieser Gedanke kann im Übrigen die höchste Anzahl von Kombinationen V+PP sowohl im Probandenkorpus als auch in den Texten aus dem Vergleichsmaterial erklären.

Im Bezug auf den Erzählmodus konnten allerdings eindeutige Präferenzen seitens der Deutsch-Muttersprachler festgestellt werden: Die Untersuchung hat ergeben, dass die Texte deutscher Muttersprachler zum größten Teil (ca. zu 90%) das Präsens als Erzählform der Bildergeschichte enthalten; das Perfekt wurde generell nur dann gebraucht, wenn es sich um ein vorzeitig geschehenes Ereignis handelte. Hingegen kennzeichnen sich die Texte russischsprachiger Probanden durch ein zerstreutes Spektrum von Tempusformen. Dabei tendieren einige Personen generell zur Verwendung einer Tempusform als Erzählform, andere dagegen setzen unterschiedliche Tempusformen in ihrer Bildergeschichte ein. Die Verteilung aller drei Tempora (Präsens, Präteritum und Perfekt) erfolgte im gesamten Korpus beinahe gleichermaßen. Es konnte allerdings kein genaues Verwendungsmuster einer bestimmten Tempusform festgestellt werden: Sie wurden von einigen Sprechern sogar ohne bestimmte Systematik gebraucht.

Folgende Ergebnisse aus der empirischen Forschung von Ekaterina Protassova sind an dieser Stelle noch zu berücksichtigen: Charakteristisch für den Sprachgebrauch der russischsprachigen Migranten in Deutschland ist einerseits die Tendenz zu Vereinfachung ihrer Erstsprache und zum Einsparen sprachlicher Mittel, was zur Bewertungsunsicherheit in Bezug auf das Russische führt (Protassova 2007, S. 327f.). Andererseits „liegen Mischungen und Wechselwirkungen zwischen Russisch und Deutsch auf allen Ebenen vor: Beide Sprachen treten als 'source language' und 'recipient language' auf" (ebd., S. 327). Diese Feststellungen kommen dadurch verstärkt zum Vorschein, dass der Sprachgebrauch aller in der vorliegenden Untersuchung teilgenommenen Probanden größtenteils durch das Code-Switching auf allen sprachlichen Ebenen sowohl in deren Erstsprache Russisch als auch in der deutschen Zweitsprache gekennzeichnet wird, was wiederum eng mit der bewussten Handhabung der beiden Sprachen verbunden ist.

Auf der anderen Seite der empirischen Forschung in diesem Bereich stehen Beobachtungen aus den Fallstudien des österreichischen Slavisten Prof. Dr. Heinrich Pfandl. Bei der in seiner Habilitationsschrift präsentierten Studie handelt es sich um die erste Beschreibung der russischen Erstsprachenverwendung von Emigrierten in deutscher Umgebung, sowie um die ersten Erkenntnisse über die sprachlich-kulturelle Persönlichkeit im Hinblick auf ihre Erstsprache und Erstkultur. Die Untersuchungsergebnisse von Pfandl besagen u. a., dass die grammatische Kategorie des Verbalaspekts im Russischen eine sensible Kategorie ist und im Laufe der Zeit und bei frühem Kontaktbeginn mit einer Zweitsprache, die keinen grammatikalisierten Aspekt kennt, großen Einflüssen ausgesetzt wird. Bereits in seinen früheren Arbeiten weist Pfandl darauf hin, „dass entgegen einer weitläufigen, wenn auch wissenschaftlich selten formulierten Meinung sogar die Kategorie des Verbalaspekts in der fremdsprachlichen Umgebung bei vielen L1-Sprecher(inne)n des Russischen ins Wanken gerät" (Pfandl 2000, S. 133). In der Einleitung zu seiner Habilitationsschrift macht Pfandl eine Aussage, die sich im Laufe seiner Studie größtenteils bestätigt hat: „Eine der auffälligsten Besonderheiten der Sprachpraxis von jung Emigrierten sind nichtnormative Verwendungen der unpräfigierten Verben der Fortbewegung" (ebd., S. 97).

Hochinteressant sind übrigens auch folgende Feststellungen des österreichischen Slavisten in Bezug auf das Fehlen der Kategorie des Verbalaspekts im Deutschen, die als unterstützende Überlegungen für die in der vorliegenden Arbeit vertretene Hypothese dienen können:

> Diese Kategorie [des Verbalaspekts] ist neben derjenigen der Verben der Fortbewegung die einzige, die der L2, dem Deutschen, fehlt; sie wird dort durch andere Mittel kompensiert. In österreichischen Dialekten, vor allem in südösterreichischen, ist sie in Einzelfällen vorhanden [...], bzw. das Erreichen des Resultats bei einigen Verben durch das Präfix *da-(der-)*, das einem standardsprachlichen *er-* (z.B. *erschlagen, erdrückt*) entspricht, ausgedrückt: Er hat es endlich [dapókt] (SD [Standarddeutsch] generiert *erpackt*); Wirst du das noch [dalesen] (SD *erlesen*) 'wirst du es noch schaffen, das fertig zu lesen?'. Meine Rückfragen haben ergeben, dass zwar die untersuchten SprecherInnen einzelne derartige Lexeme kennen, jedoch nur als isolierte Lexeme verwenden, nicht jedoch – wie z.B. in der südlichen Steiermark und in Kärnten[6] üblich – als produktive Wortbildungskategorie kennen (ebd., S. 132f.).

Allgemein zieht Pfandl in seiner Habilitationsschrift die folgenden Schlüsse:

> Bei diesen Rückgriffen auf fertige KF [kommunikative Fragmente] entstehen für alle InformantInnen vor allem dort sprachliche Defizite und daher potentielle Kommunikationsprobleme, wo bisher auf Russisch nicht bewältigte Inhalte in der L1 wiedergegeben werden sollen. Hier versagt sowohl die Verfügbarkeit von KF, wie auch die Fähigkeit, die spärlichen Versatzstücke, die allenfalls noch im Gedächtnis aktiviert werden können, kommunikativ erfolgreich zusammenzufügen, neu zu arrangieren und zu variieren. Es fehlt den untersuchten Emigrierten also jener Nachschub an lebendiger Sprache, mit welchem monolinguale SprecherInnen durch ein ausschließliches Existieren in einem (ethnischen) Sprachkontinuum täglich konfrontiert und versorgt werden. Es mangelt den Emigrierten in der Regel auch an einer täglichen, die L1 aufrechterhaltenden Interaktion mit einer regulierenden SprecherInnengemeinschaft, durch welche ihre Sprachverwendung aktiviert, approbiert und dadurch auch korrigiert wird (ebd., S. 563f.).

Anhand der oben angeführten Ergebnisse aus der empirischen Fallstudie von Heinrich Pfandl kann dementsprechend geschlussfolgert werden, dass einerseits die aufgestellte Hypothese bezüglich des Transfers des Verhaltenssystems der

---

[6] Dort kann man fast zu jedem terminativen Verb derartige Bildungen antreffen, vgl. (in halbdialektaler Schreibung) *dazoln, dalernen, dablosen, dabremsen* usw. (Bemerkung von Pfandl).

russischen L1 als gerechtfertigt angesehen werden kann, andererseits aber die Kontaktsituation mit der deutschen L2 die Sprachenverwendung der Zweisprachigen allgemein von sehr vielen Faktoren abhängig macht. Diese Faktoren müssten weiter ausdifferenziert und im größeren Umfang untersucht werden, um im Endeffekt an verlässliche Untersuchungsergebnisse zu gelangen.

Zum Schluss ist anzumerken, dass die für die Analyse eingesetzte Bildergeschichte dank deren ereignisreichem Ablauf weitere mögliche Forschungsansätze wie beispielsweise die Ausdrucksmittel der Temporalität, Aspektualität oder Lokalität im Deutschen als Zweitsprache im Vergleich mit den authentischen mündlichen Texten deutscher Muttersprachler bietet. Solche Untersuchungen können als Anregungen für die weiteren vertieften Auseinandersetzungen mit der gestellten Problematik dienen.

Literaturverzeichnis

Achterberg, Jörn (2005): Zur Vitalität slavischer Idiome in Deutschland. Eine empirische Studie zum Sprachverhalten slavophoner Immigranten. In: Slavistische Beiträge. Band 441. München: Otto Sagner.

Anstatt, Tanja (Hrsg.)(2007): Mehrsprachigkeit bei Kindern und Erwachsenen. Erwerb – Formen – Förderung. Tübingen: Attempto.

Barkowski, Hans/Krumm, Hans-Jürgen (2010): Fachlexikon Deutsch als Fremd- und Zweitsprache. Tübingen: Francke.

Bernstein, Wolf (1979): Wie kommt die muttersprachliche Interferenz beim Erlernen des fremdsprachlichen Wortschatzes zum Ausdruck? In: *Linguistik und Didaktik,* 38, S. 142–147.

Böttger, Katharina (2008): Negativer Transfer bei russischsprachigen Deutschlernern. Die häufigsten muttersprachlich bedingten Fehler vor dem Hintergrund eines strukturellen Vergleichs des Russischen mit dem Deutschen. Dissertation, Universität Hamburg.

Brehmer, Bernhard (2007): Sprechen Sie Qwelja? Formen und Folgen russisch-deutscher Zweisprachigkeit in Deutschland. In: *Mehrsprachigkeit bei Kindern und Erwachsenen. Erwerb – Formen – Förderung*, hrsg. von Tanja Anstatt. Tübingen: Attempto. S. 163-185.

Bünting, Karl-Dieter (Hrsg.) (1996): Deutsches Wörterbuch. Chur/Schweiz: Isis.

Carroll, Mary (2000): Representing path in language production in English and German: Alternative perspectives on figure and ground. In: *Räumliche Konzepte und sprachliche Strukturen*, hrsg. von Habel & Stutterheim. Tübingen: Max Niemeier. S. 97-118.

CHILDES-Korpus, online abrufbar unter: http://childes.psy.cmu.edu/data/Frogs/ (letzter Zugriff: 15.02.2012)

Cosma, Ruxandra (2004): Aspekt und Aspektualität im Deutschen. Eine Untersuchung ihrer Begriffsbestimmung, ihrer Typologie und ihrer Realisierung. In: *GGR-Beiträge zur Germanistik.* Band 12. București: Editura Universității din București.

Diersch, Helga (1972): Verben der Fortbewegung in der deutschen Sprache der Gegenwart. Eine Untersuchung zu syntagmatischen und paradigmatischen Beziehungen des Wortinhalts. Berlin: Akademie.

Di Meola, Claudio (1994): *Kommen* und *gehen*: Eine kognitiv-linguistische Untersuchung der Polysemie deiktischer Bewegungsverben. In: *Linguistische Arbeiten.* Band 325. Tübingen: Max Niemeier.

Eichinger, Ludwig M. (1989): Raum und Zeit im Verbwortschatz des Deutschen. Eine valenzgrammatische Studie. Tübingen: Niemeyer.

Eisenberg, Peter (2006): Grundriss der deutschen Grammatik: Das Wort. Band 1. Stuttgart/Weimar: Metzler. 3., durchgesehene Auflage.

Eisenberg, Peter (2006): Grundriss der deutschen Grammatik: Der Satz. Band 2. Stuttgart/Weimar: Metzler. 3., durchgesehene Auflage.

Fath, Isabella (2009): Sprachliche Weiterbildung als Beitrag zur gesellschaftlich-sozialen Integration von Aussiedlern aus der ehemaligen Sowjetunion. Ein Basismodell der Zielgruppenarbeit. Dissertation, Ruprecht-Karls-Universität Heidelberg.

Feigs, Wolfgang (2001): Semantischer Transfer und die Rolle der L1. In: *Zeitschrift für angewandte Linguistik* (ZfAL) 35, S. 39-59.

Grekhova, Yelena I. (1985): Typical Mistakes in the Use of Russian Aspect Made by German Speakers. In: *Contrastive studies in verbal aspect*, hrsg. von Maslov, J. Heidelberg: Groos.

Habel, Christopher/Stutterheim, Christiane von (Hrsg.)(2000): Räumliche Konzepte und sprachliche Strukturen. In: *Linguistische Arbeiten*. Band 417. Tübingen: Max Niemeier.

Hundsnurscher, Franz (1968): Das System der Partikelverben mit 'aus' in der Gegenwartssprache. Göppingen: Kümmerle.

Juhász, János (1970): Probleme der Interferenz. München: Hueber.

Maas, Utz (2005): Sprache und Sprachen in der Migration im Einwanderungsland Deutschland. In: *IMIS-Beiträge*. Heft 26. Institut für Migrationsforschung und Interkulturelle Studien (IMIS) der Universität Osnabrück. S. 89-133.

Maas, Utz (2008): Sprache und Sprachen in der Migrationsgesellschaft: Die schriftkulturelle Dimension. Göttingen: V & R Unipress [u.a.] 1. Auflage.

Maslov, Jurij S. (Hrsg.)(1985): Contrastive studies in verbal aspect. In: *Studies in descriptive linguistics*. Band 14. Heidelberg: Groos.

Mayer, Mercer (2003): Frog, where are you? (Boy, Dog, Frog). Copyrighted Material. Dial Verlag.

Meng, Katharina (2001): Russlanddeutsche Sprachbiografien. Untersuchungen zur sprachlichen Integration von Aussiedlerfamilien. In: *Studien zur deutschen Sprache*, Band 21, hrsg. von Haß-Zumkehr, U. et al. Tübingen: Narr.

Meng, Katharina/Rehbein, Jochen (Hrsg.)(2007): Kindliche Kommunikation – einsprachig und mehrsprachig. In: *Mehrsprachigkeit*. Band 1. Münster u. a.: Waxmann.

Mulisch, Herbert/Gabka, Kurt (1988): Die russische Sprache der Gegenwart: Morphologie. Band 2. Leipzig: Verlag Enzyklopädie.

Pfandl, Heinrich (2000): Erstsprachenverwendung und kulturelle Einstellungen von russischsprachigen Emigrierten mit frühem Ausreisealter in deutschsprachiger Umgebung: Elemente einer Analyse der sprachlich-kulturellen Persönlichkeit. Habilitationsschrift, Universität Graz.

Protassova, Ekaterina (2007): Sprachkorrosion: Veränderungen des Russischen bei Mehrsprachigen Erwachsenen und Kindern in Deutschland. In: *Kindliche Kommunikation – einsprachig und mehrsprachig*, hrsg. von Meng, K./Rehbein, J. Münster u. a.: Waxmann.

Rehbein, Jochen et al. (2004): Handbuch für das computergestützte Transkribieren nach HIAT. In: *Arbeiten zur Mehrsprachigkeit*, Folge B. Universität Hamburg.

Rothstein, Björn (2007): Tempus. Heidelberg: Universitätsverlag Winter.

Schlegel, Hans (2000): Der aspektuale Bezugsmoment als linguistische Grundlage für die Beschreibung und Vermittlung des russischen Verbalaspekts: Ein Beitrag zu Temporalität und Aspektualität. München: Sagner.

Schmiedtová, Barbara/Sahonenko, Natascha (2008): Die Rolle des grammatischen Aspekts in der Ereignis-Enkodierung: Ein Vergleich zwischen tschechischen und russischen Lernern des Deutschen. In: *Fortgeschrittene Lernervarietäten* (Linguistische Arbeiten), hrsg. von Walter, M./Grommes, P. Tübingen: Niemeyer. S. 45-71.

Schramm, Karen/Schroeder, Christoph (Hrsg.)(2009): Empirische Zugänge zu Sprachförderung und Spracherwerb in Deutsch als Zweitsprache. In: *Mehrsprachigkeit*. Münster/New York: Waxmann.

Schroeder, Christoph (2009): *gehen, laufen, torkeln*: Eine typologisch gegründete Hypothese für den Schriftspracherwerb in der Zweitsprache Deutsch mit Erstsprache Türkisch. In: *Empirische Zugänge zu Sprachförderung und Spracherwerb in Deutsch als Zweitsprache* (Mehrsprachigkeit), hrsg. von Karen Schramm, Christoph Schroeder. Münster/New York: Waxmann, S. 185-202.

Stiebels, Barbara (1996): Lexikalische Argumente und Adjunkte. Zum semantischen Beitrag von verbalen Präfixen und Partikeln. In: *studia grammatica*. Band 39. Berlin: Akademie Verlag.

Stutterheim, Christiane von (1997): Einige Prinzipien des Textaufbaus. Empirische Untersuchungen zur Produktion mündlicher Texte. Tübingen: Max Niemeier.

Uhlisch, Gerda (1992): Spracherwerb und Interferenz. In: *Spracherwerb und Sprachdidaktik* (Berliner Beiträge zu Deutsch als Fremdsprache), hrsg. von der Humboldt-Universität zu Berlin.

Walter, Maik/Grommes, Patrick (Hrsg.)(2008): Fortgeschrittene Lernervarietäten. Korpuslinguistik und Zweitspracherwerbsforschung. In: *Linguistische Arbeiten*, Band 520, hrsg. von Heusinger, K. et al. Tübingen: Niemeyer.

Wiese, Heike (1994): Integration des Transfers in eine Theorie des Zweitspracherwerbs. In: *Informationen Deutsch als Fremdsprache (Info-DaF) 21(4)*, S. 397-408.